AF534640

Impressum

Traude Schubert
D – 09353 Oberlungwitz
traude-schubert@gmx.de

Umschlagsbild:
https://www.piqsels.com/de/public-domain-photo-fvwoc

Abbildungen: siehe Bilderquellen

Verlag:
BoD · Books on Demand GmbH, In de Tarpen 42,
22848 Norderstedt, bod@bod.de
Druck:
Libri Plureos GmbH, Friedensallee 273,
22763 Hamburg
ISBN:
978-3-7693-2471-6

Vegetarische Herbstgerichte

Genießen Sie den Herbst mit allen Sinnen

Traude Schubert

Vorwort

Herbst – eine wunderbare Jahreszeit. Bunte Blätter fallen von den Bäumen, die Ernte des Jahres wird eingefahren. Erdmieten werden angelegt, damit die Landwirte und auch Privatgärtner ihr Gemüse auch noch im Winter genießen können.

Eine Zeit, in der frisches Herbstgemüse mit Vorliebe gegessen wird. Dass dazu nicht immer Fleisch gehören muss, zeigen Ihnen die Gerichte in diesem Buch.

Lieben Sie auch Esskastanien? Seit meiner Kindheit sind wir jedes Jahr im Herbst in den Schwarzwald gefahren um sie zu suchen.
Oder Kürbis...... hmmm ob als Kuchen, Brot oder gebraten in der Pfanne – ein Genuss.

Kraut und Kohl, frische Pilze von Wald und Wiesen, oder vielleicht lieber Tomaten und Paprika?

Ich liebe es neue Rezepte auszuprobieren. Das ein oder andere Rezept wird dann öfter mal gekocht.

Viel Freude und guten Appetit wünscht Ihnen

Traude Schubert

Wichtiger Tipp:

Bitte waschen Sie stets Obst, Salat und Gemüse gründlich in Natronwasser ab. Danach mit klarem Wasser abspülen.

Inhalt

Herbstliche Delikatessen

Kartoffelgerichte

Esskastanien

Kuchen, Gebäck und Pfannkuchen

Nudelgerichte:

Pilze – ein wunderbarer Genuss

Reisgerichte

Salate

Suppengerichte

BROTAUFSTRICHE,

GELEES, MARMELADEN UND MEHR

* * *

Fliederblütengelee

Zutaten:

20	Fliederblütenrispen
1 ½ L	Wasser
1 kg	Gelierzucker 1:1
½ kg	Gelierzucker 2:1
10	Rote oder blaue Malvenblätter

Zubereitung:

- Ich habe den Flieder am Abend gepflückt, da duftet er am Besten
- Die Blüten von den Rispen zupfen.
- Das Wasser erhitzen, die Blüten und die Malvenblätter (diese sorgen für eine schöne Färbung) in das heiße Wasser geben.
- 10 Minuten sprudelnd kochen.
- Nach dem Abkühlen 24h durchziehen lassen.
- Die Blüten durch ein mit einem Tuch ausgelegten Sieb gießen.
- Das Tuch auspressen bis alle Flüssigkeit heraus ist und nur noch ein trockener Ball von den Blütenblättern übrig bleibt.
- Den Gelierzucker in die Blütenflüssigkeit einrühren, erhitzen und 3-5 Minute sprudelnd kochen lassen.
- Eine Gelierprobe machen.
- Wenn das Gelee noch nicht fest genug wird noch etwas Gelierzucker 2:1 hinzugeben.
- Heiß in Schraubgläser füllen und 5 Minuten über Kopf stellen.

* * *

Aronia - Bananen Marmelade

Zutaten:

700 g Aroniabeeren
300 g Bananen
500 g Gelierzucker (2:1)
1 ausgepresste Zitrone

Zubereitung

- Waschen Sie die Aroniabeeren und verlesen Sie diese gründlich.
- Schälen Sie die Bananen und schneiden Sie diese in kleine Stücke.
- Geben Sie das Obst zusammen mit dem Zitronensaft in einen Topf und pürieren Sie es mit einem Stabmixer.
- Danach mit dem Zucker vermengen und auf dem Herd aufkochen lassen.
- Noch 5-6 Minuten köcheln lassen und im Anschluss die Gelierprobe machen.
- Sind Sie zufrieden, können Sie die heiße Marmelade in die gewünschten Gläser abfüllen und sofort verschließen.

* * *

Bratapfelmarmelade

Zutatenliste (für ca. 6 Marmeladengläser):

900 g Äpfel, gewürfelt
250 g Gelierzucker (Verhältnis 3:1)
3 TL Zimt
40 g Mandelplättchen

Zubereitung:

- Die Mandelblättchen in einer Pfanne ohne Fett rösten, bis sie leicht gebräunt und nussig duftend sind.
- Anschließend auf einen Teller geben und etwas abkühlen lassen.

- Bereiten Sie 6 Marmeladengläser vor, indem Sie Gläser und Deckel mit sehr heißem Wasser abspülen und an der Luft trocknen lassen.
- Die Äpfel gründlich waschen, schälen, entkernen und in sehr feine Würfel schneiden.
- Wiegen Sie die Äpfel ab, um sicherzustellen, dass es 900 g sind.
- Geben Sie die gewürfelten Äpfel zusammen mit dem Gelierzucker und dem Zimt in einen Topf, rühren Sie alles gut um und kochen Sie es bei starker Hitze 4-5 Minuten lang, bis es sprudelnd kocht.
- Führen Sie eine Gelierprobe durch.
- Rühren Sie die gerösteten Mandelblättchen unter die heiße Apfelmasse und füllen Sie die Marmelade in die vorbereiteten Gläser.
- Verschließen Sie die Gläser sorgfältig und stellen Sie sie für einige Minuten auf den Kopf.
- Lassen Sie die Marmelade vollständig abkühlen und dekorieren Sie sie nach Belieben.
- Fertig ist Ihr selbstgemachtes Weihnachtsgeschenk!

* * *

Heidelbeer – Limetten – Konfitüre

Zutaten:

3 St.	Bio Limetten
1 kg	Heidelbeeren, frisch
500 g	Gelierzucker

Zubereitung:

- Limetten heiß waschen, jeweils etwa 1 TL Schale fein abreiben, halbieren und Saft auspressen.
- Blaubeeren waschen.
- Alles in einem Topf mit Gelierzucker vermengen und unter gelegentlichem Rühren aufkochen.
- Ca. 4 Min. unter ständigem Rühren leicht köcheln.
- Für die Gelierprobe 1 TL Konfitüre auf einen kalten Teller geben.
- Wird die Konfitüre nach ca. 1 Min. fest, kann sie weiterverarbeitet werden.
- Ggf. Kochzeit um ca. 1–2 Min. verlängern und Gelierprobe wiederholen.
- Entstehenden Schaum mit einem Löffel vorsichtig abnehmen.
- Blaubeer-Limetten-Konfitüre heiß in saubere Schraubgläser füllen.
- Gläser verschließen und auf den Deckel gestellt abkühlen lassen.

* * *

Heidelbeerchutney

Zutaten:

500 g	Heidelbeeren
1	Zwiebel, gelb
10 g	Rosmarin, frisch
2 EL	Öl
1 TL	Zimt
1 Prise	Salz
1 Prise	Cayennepfeffer
75 g	Rohrohrzucker

50 ml	Balsamico hell
1	Zitrone

Zubereitung:

- Heidelbeeren waschen und ggf. verlesen.
- Zwiebeln halbieren, schälen und würfeln.
- Rosmarin waschen, trocken schütteln, Nadeln von den Stielen streifen und fein hacken.
- In einem Topf Öl auf mittlerer Stufe erhitzen und Zwiebelwürfel ca. 1–2 Min. anbraten.
- Heidelbeeren, Rosmarin, Zimt, Salz, Zucker, Cayennepfeffer und Essig in den Topf geben und zum Kochen bringen.
- Chutney ca. 15–20 Min. leicht köcheln lassen, dabei anfangs gelegentlich umrühren.
- Wenn das Chutney zum Ende der Kochzeit eindickt, häufig umrühren, damit es nicht ansetzt.

* * *

Heidelbeer – Lavendel – Marmelade

Zutaten:

1 kg	Heidelbeeren
3 EL	Lavendelblüten, Gewürzlavendel
500 g	Gelierzucker,2:1

Zubereitung:

- Die Heidelbeeren verlesen und waschen.
- Mit dem Blüten und Gelierzucker in einem Topf füllen und über Nacht ziehen lassen.
- Am nächsten Tag mit dem Stabmixer grob zerkleinern und 5 Minuten kochen lassen.
- Sofort heiß in die vorbereiteten Gläser füllen.

* * *

Kürbiscreme

Kürbiscreme ist zwar keine Marmelade im herkömmlichen Sinne, aber wird auch gerne als Brotaufstrich gegessen.

Zutaten:

1	Hokaito Kürbis
1 ganzer	Knoblauch
	Olivenöl
	Salz
1 Prise	Chiliflocken
½ TL	Kurkuma
50 ml	Milch

Zubereitung:

- Den Kürbis teilen und das Innere entfernen.
- Nun den Kürbis in achtel teilen und in eine Auflaufform geben.

- Vom Knoblauch das obere Teil abschneiden und die ganzen Knollen zum Kürbis geben.
- Nun das Olivenöl darüber geben und die Auflaufform bei etwa 150 Grad für 25 Minuten in den Backofen schieben.
- Sobald der Kürbis weich ist, rausholen.
- Mit Salz, einer Prise Chiliflocken und einem halben Teelöffel Kurkuma würzen.
- Nun gibt man die Kürbisscheiben in einen Mixer.
- Drückt die geröstete Knoblauchknolle aus und gibt sie in den Mixer dazu.
- Gießt nun etwa 50 ml Milch dazu und püriert alles zu einer samtigen Creme.
- In sauberen Gläsern lässt sich die Kürbiscreme im Kühlschrank gute 1-2 Woche aufbewahren.
- Man kann sie aber auch einfrieren, so ist sie noch länger haltbar.

Tipp:
- Kürbiscreme kann als Brotaufstrich,
- als Dip,
- als Verfeinerung an Suppen oder Saucen gegeben werden.

* * *

Nutella selbst gemacht

Zutaten:
200g Haselnüsse
3 EL Kokosöl
2 Löffel Honig
4 TL Kakaopulver

Zubereitung:
- Alles im Mixer zur Creme mixen und genießen.

* * *

Miso mit Parmesan und Butter

Zutaten:
1 TL weichere Butter
¼ TL Miso
1 TL geriebenen Parmesan
etwas frisch gehackten Schnittlauch
½ Baguette

Zubereitung:
- Alles gut vermischen und probieren.
- Nach Geschmack noch etwas Parmesan oder Miso dazu geben.
- Die Mischung dann auf ein Baguette streichen und im Ofen rösten, bis es zart braun ist.
- Mit frisch gehacktem Schnittlauch bestreuen.

Erklärung zu Miso

Wo nach schmeckt Miso?
Diese einzigartige, **fermentierte Sojabohnenpaste** hat es nicht nur in Japan, sondern weltweit zu großer Beliebtheit gebracht. Warum? Weil Miso eine unvergleichliche Mischung aus **salzigem, süßem und herzhaftem Umami-Geschmack** bietet, der jedes Gericht aufpeppt.

Unterscheide Hatcho-Miso, Genmai und Mugi
Hatcho-Miso ist das stärkste Gewürz und in Japan am beliebtesten für Miso-Suppe und als Marinade für Fleisch, Fisch und Tofu. Aber Hatcho eignet sich auch hervorragend für Eintöpfe und Wok-Gerichte. Genmai und Mugi sind eher für den alltäglichen Gebrauch geeignet, z.B. für deine tägliche Miso-Suppe, Soße oder Dip.

Misopaste sollte nicht gekocht werden!
Wichtig zu beachten ist, dass Misopaste nie zum Kochen gebracht werden sollte.
Denn **dadurch verliert sie all die gesunden Bakterien, die bei der Fermentation entstanden sind**. Misopaste kann nachdem Öffnen über mehrere Monate, jedoch nicht länger als ein Jahr im Kühlschrank aufbewahrt werden.

* * *

Holunderblütengelee

Zutaten:

10	Holunderblütendolden
¾ L	Orangensaft
500g	Gelierzucker 2:1
1	Zitronen, Saft davon

Zubereitung:

- Holunderdolden kräftig ausschütteln.
- Die Blüten mit der Hand oder einer Gabel abstreifen und in einer großen Schüssel mit dem gepressten Orangensaft vermischt etwa

einen Tag an einem kühlen Ort ziehen lassen.
- Dann die Mischung durch ein Tuch oder ein feines Küchensieb abseihen.
- Die Blüten dabei gut auspressen.
- Gelierzucker zugeben, je nach Geschmack auch den Saft einer Zitrone.
- Die Mischung zusammen in einem großen Topf etwa 5 Minuten sprudelnd kochen.
- Abgeschäumt in sterilisierte Gläser füllen, verschließen und abkühlen lassen.

* * *

Holunderblüten – Honig

Zutaten:

500 g	flüssigen Honig
2 EL	Zitronensaft
5	gr. Holunderblütendolden

Zubereitung:

- Die voll erblühten Holunderblüten nicht waschen.
- Die Blüten von den Stielen abzupfen.
- Schneller geht es mit einer Schere.
- 150 g Honig aus dem Glas nehmen und in einen Topf geben, mit dem Zitronensaft und den Holunderblüten vermischen und ca. 4 Minuten kochen.
- Etwas abkühlen lassen und im noch flüssigen Zustand mit dem restlichen Honig im Glas verrühren.
- Vor dem Verzehr ein paar Tage ziehen lassen.
- Die Blüten steigen nach oben.

- Deshalb vor dem Essen den Honig im Glas immer gut durchrühren.

Wer die Blüten nicht mitessen möchte, kann den warmen noch flüssigen Honig sieben.
Danach gut ausdrücken und mit dem restlichen Honig mischen.

Paprika Dip

Zutaten

4	Paprika
1 Prise	Petersilie
3	Knoblauchzehen
1 EL	Tomatenmark
1 EL	Olivenöl
1 EL	Walnuss
1 TL	Salz

Zubereitung:

- Die Paprika auf dem Herd oder im Ofen braten, dann schälen.
- Mit allen Zutaten im Mixer mischen.

Tipp:
Dazu schmeckt Vollkornknäckebrot oder Fladenbrot.

* * *

Brombeer - Kokos – Marmelade

Zutaten
500 g Brombeeren
50 ml Kokossirup
160 g Gelierzucker
1 Banane(n)

Zubereitung:

- Die Brombeeren verlesen und gründlich in Natronwasser waschen.
- Die Banane klein schneiden und zusammen mit den Brombeeren in einen Topf geben.
- Das Ganze zum Kochen bringen, ca. 1 Minute kochen lassen, dann mit dem "Zauberstab" pürieren.
- Den Kokossirup und den Gelierzucker dazugeben.
- Dann nochmal ca. 3-4 Minuten kochen und evtl.
- Wer keine Kerne und Fruchtstücke mag, gibt die Masse durch ein Sieb.
- Alles in Marmeladengläser mit Schraubdeckel füllen und die Gläser ein paar Minuten auf den Kopf stellen.

Mango - Bananen - Marmelade mit Kokos

Zutaten

2 große	Mango(s), geschält und entsteint
2	Banane(n), je nach Größe
3 EL	Kokosraspel
1	Gelierzucker (1:3)

Zubereitung

- Die geschälten Mangos und Bananen in kleine Würfel schneiden, beides zusammen sollte ca. 1 kg ergeben.
- In einem großen Topf zusammen mit dem Zucker langsam erwärmen, bis der Zucker sich aufgelöst hat.
- Dann die Kokosraspel hinzugeben und zum Kochen bringen, ca. 4 - 5 Minuten sprudelnd kochen lassen und eine Gelierprobe machen.
- Falls es noch zu flüssig ist, einfach länger kochen lassen und die Gelierprobe wiederholen.
- In heiße sterilisierte Gläser (einfach 10 min. bei 200°C in den Backofen) füllen, zudrehen, kurz auf den Kopf stellen – fertig!

* * *

Apfel - Pflaumen – Marmelade

Zutaten

1 kg	Äpfel
1 kg	Pflaume(n)
1 kg	Zucker
1 Tasse	Wasser

ODER

750 g	Äpfel
750 g	Pflaumen
1 P.	Zucker 3:1
1 Tasse	Wasser

Zubereitung:
- Äpfel in Spalten schneiden und Pflaumen entsteinen.
- Alles in einen Topf füllen, mit Wasser begießen und alles weich kochen.
- Noch heiß durch ein Sieb streichen.
- In das Püree den Zucker geben.
- Noch mal auf kleiner Flamme bis zur Hälfte einkochen lassen.

ODER
- Mit dem Mixstab zerkleinern, dann Gelierzucker dazu und kochen lassen.
- In Gläser füllen und auf dem Kopf stehend abkühlen lassen.

* * *

Weihnachtsmarmelade mit Zwetschgen und Schokolade

Zutaten

2 kg	Zwetschgen, oder Pflaumen, entsteint, und halbiert
1 kg	Zucker
200 g	Schokolade (Block-)
1 TL	Zimt

1/2 TL	Lebkuchengewürz
n. B.	Rum

Zwetschgen

Pflaumen

Zutaten

2 kg	Zwetschgen, oder Pflaumen, entsteint, und halbiert
1 kg	Zucker
200 g	Schokolade (Block-)
1 TL	Zimt
1/2 TL	Lebkuchengewürz
n. B.	Rum

Zubereitung:

- Die entsteinten und halbierten Zwetschgen (wer es feiner mag, kann diese auch vierteln) mit dem Zucker in einen großen und Backofen geeigneten Topf geben und über Nacht ziehen lassen.
- Am nächsten Tag die gezuckerten Zwetschgen eine halbe Stunde leise kochen lassen.

- Vorsicht, brennt leicht an!
- Dann im Backrohr 1 1/2 Stunden bei mittlerer Hitze weiter kochen lassen.
- Anschließend den Zimt, das Lebkuchengewürz und die Schokolade unterrühren.
- Wenn die Schokolade zerlaufen ist und sich gut unterrühren lässt, unter weiterem Rühren noch eine halbe Stunde leise kochen lassen.
- Nach Belieben kann nun noch Rum dazu gegeben werden.
- Die Masse in heiße Einmachgläser abfüllen.

* * *

Pflaumen – Chutney

Zutaten

1000 g	Pflaume(n), dunkle, (keine Zwetschgen)
150 g	Äpfel
400 g	Zwiebel(n), möglichst rote
250 ml	Wein, (Pflaumenwein)
100 ml	Balsamico
100 g	Rohrzucker
1 TL	Senf, mittelscharfer
1 EL	Curry
1/2 TL	Koriander, gemahlen
1 TL	Piment, gemahlen
1 TL	Salz
etwas	Chilipulver, je nach Geschmack
4	Knoblauchzehe(n)
250 g	Gelierzucker, 2:1
etwas	Pfeffer, weißer

Zubereitung

- Pflaumen waschen, abtropfen lassen, entsteinen, klein schneiden, 1 kg abwiegen.
- Äpfel waschen, schälen, entkernen, klein schneiden u. 150 g abwiegen.
- Zwiebeln schälen, halbieren, in feine Ringe schneiden und 400 g abwiegen.
- Die restlichen Zutaten zusammen in den Topf geben und darin die Zwiebeln 15 Minuten vorkochen.
- Dann Pflaumen und Äpfel dazu geben und 10 Minuten bei schwacher Hitze kochen.
- Dabei ab und zu umrühren.
- Dann das Kochgut von der Kochstelle nehmen. Gelierzucker einrühren und nochmals 3 Minuten stark kochen lassen, immer rühren dabei, brennt sonst an.
- Eine Gelierprobe nehmen und prüfen, ob die Festigkeit in Ordnung ist.
- Evtl. mit Salz und Pfeffer nachwürzen.
- Dann heiß randvoll in Gläser füllen, mit Twist-off-Deckeln verschließen, umdrehen und 5 Minuten auf den Deckeln stehen lassen.

* * *

Zwetschgen - Chutney

schön zu dunklem Fleisch oder zu Käse

Zutaten

2 kg	Zwetschgen
2 TL	Salz
500 g	Zucker

400 ml	Essig, (Honigessig oder milder Weißweinessig)
400 g	Zwiebeln
40 g	Ingwer, frisch
1 Prise	Kardamom, gemahlen
1 Prise	Zimtpulver
1 Prise	Muskat, frisch gerieben
1 Prise	Nelkenpulver
	Zitronensaft

ODER

Zutaten

1 kg	Zwetschgen
1 TL	Salz
250 g	Zucker
200 ml	Essig, (Honigessig oder milder Weißweinessig)
200 g	Zwiebeln
20 g	Ingwer, frisch
1/2 Prise	Kardamom, gemahlen
1/2 Prise	Zimtpulver
1/2 Prise	Muskat, frisch gerieben
1/2 Prise	Nelkenpulver
	Zitronensaft

Zubereitung

- Die Zwetschgen entsteinen und halbieren.
- Mit Zucker und Salz gut vermengen und über Nacht stehen lassen.
- Am nächsten Tag die Zwiebeln und den Ingwer schälen und sehr fein würfeln.
- Beides zu den Zwetschgen geben und den

Essig auch dazugeben.

- Das Chutney einmal aufkochen lassen und dann auf ganz kleiner Flamme langsam einkochen lassen.
- Besonders am Schluss unbedingt regelmäßig umrühren.
- Die Masse wird dann dicker und es besteht die Gefahr, dass sie anbrennt.
- Die Gewürze dazugeben.
- Mit Salz, Zucker und evtl. etwas Zitronensaft abschmecken.
- Wer die stückige Konsistenz nicht schätzt, kann das Chutney auch pürieren.

- Sofort in saubere Twist-Off-Gläser füllen und die Gläser verschließen.
- Auf dem Deckel stehend auskühlen lassen.

* * *

Pflaumen - Apfel - Zimt Marmelade

Zutaten

2 kg Zwetschgen oder Pflaumen, entsteint gewogen
1 kg Äpfel, (Cox-Orange oder Boskoop), geschält und entkernt gewogen
1 TL Zimt
3 Pkt. Gelierzucker, 2:1

Zubereitung:

- Die vorbereiteten abgewogenen Früchte grob zerkleinern und zusammen mit dem Gelierzucker und dem Zimt in einen großen Topf geben und

2-3 Stunden ziehen lassen.

- Danach mit dem Pürierstab alles so weit zerkleinern, wie man es mag.
- Zum Kochen bringen und 3 Minuten sprudelnd kochen lassen.
- Heiß in Gläser füllen, die Gläser verschließen und für 5 Minuten auf den Deckel stellen und abkühlen lassen.

* * *

Tomatenbutter

Zutaten

100 g Butter
50 g getrocknete Tomaten
1 Knoblauchzehe
1 TL Rosmarin
Salz, Pfeffer
Chilipulver

Zubereitung:
- Butter auf Zimmertemperatur erwärmen.
- Tomaten und Rosmarin fein hacken.
- Knoblauch schälen und zerdrücken.
- Alle Zutaten vermengen und mit Salz, Pfeffer und Chili abschmecken.
- Bis zum Servieren kalt stellen.

DESSERTS

Apfel-Schoko-Dessert

Zutaten:
4 Äpfel
250 g dunkle Schokolade
1 Spritzer Vanille (optional)

Zubereitung:
- Äpfel schälen, klein schneide, zu Mus kochen.
- Schokolade schmelzen lassen.
- Mus abgießen, dann mit der flüssigen Schokolade mixen.
- Etwas Vanille dazu geben.
- Alles gut vermischen.
- In eine runde Auflaufform geben und kühl stellen.
- Dann stürzen, etwas flüssige Schokolade darüber geben und mit Kakao bestäuben.

Vegane Icecream

Zutaten:

3 gefrorene Bananen in Scheiben
3 EL Kakaopulver
4 EL Pflanzenmilch
20g vegane Schokolade, geschmolzen

Zubereitung:

- Bevor du mit der eigentlichen Nicecream beginnen kannst, musst du zuerst die Schokolade schmelzen.
- Zerkleinere diese dafür möglichst fein und erwärme sie kurz im Wasserbad, bis sie geschmolzen ist.
- Gib alle Zutaten in den Mixer und mixe, bis die Masse eine cremige Konsistenz hat.
- Je nach Geschmack kannst du sie jetzt noch schokoladiger machen oder mit Toppings deiner Wahl verfeinern.
- Besonders gut passen zum Beispiel Nüsse oder Kokosnussraspeln.

* * *

Erdbeer Icecream

Zutaten:

200 g gefrorene Erdbeeren
1 Spritzer Zitronensaft
3 EL Pflanzenmilch

Zubereitung:

- Einige Stunden, bevor du die Nicecream zubereiten möchtest, musst du die Erdbeeren einfrieren.
- Da die sommerlichen Beeren viel Wasser enthalten, könnte sonst die Konsistenz der Nicecream zu flüssig werden.
- Für die eigentliche Zubereitung gibst du einfach alle Zutaten in einen Mixer und pürierst, bis dir die Konsistenz gefällt.

* * *

Heidelbeer Icecream

Zutaten:

200 g gefrorene Heidelbeeren
2 EL Pflanzenmilch

Zubereitung:

- Auch die Zubereitung von Heidelbeer-Nicecream ist einfach:
- Du gibst einfach alle Zutaten in einen Mixer und pürierst, bis das Eis die Konsistenz hat.

Tipp:

- Gleichzeitig mit Heidelbeeren haben auch viele andere Beeren Saison – du kannst das Rezept dementsprechend anpassen.
- Zum Beispiel kannst du statt 200 Gramm Heidelbeeren auch 100 Gramm Himbeeren und 100 Gramm Heidelbeeren verwenden.

Apfel – Zimt – Icecream

Zutaten:

3 gefrorene Bananen, in Scheiben
2 TL Zimt
4-5 EL Apfelmus
2 EL Pflanzenmilch

Zubereitung:

- Gib alle Zutaten zusammen in den Mixer und warte, bis sie die gewünschte Konsistenz haben.
- Mit ein bisschen weihnachtlicher Dekoration und Topping eignet sich deine Apfel-Zimt-Nicecream auch gut als Nachtisch an Weihnachten.

* * *

Veganes Schokoeis auf Kokosbasis

800 ml	Kokosmilch 90% Kokosnussextrakt, gekühlt
400 g	Datteln entsteint
50 g	Kakaopulver stark entölt, ohne Zucker
1 TL	gemahlene Vanille

Nach Belieben

50 g	Zartbitterschokolade
2 EL	Ceylonzimt

Zubereitung:

- Als Erstes weichst du die entkernten Datteln im warmen Wasser für ca. 10 Minuten ein.
- Das Wasser abgießen und die Datteln im Standmixer zu einer Masse pürieren.
- Eventuell ein bisschen Wasser dazugeben, damit daraus eine Art Gelee entsteht.
- Zur Seite stellen.
- Die Kokosmilch aus der Dose in eine große Schüssel geben und dort für ca. 3 Minuten mixen, bis die Masse fluffiger erscheint.
- Das Kakaopulver, die gemahlene Vanille und die Hälfte der Dattelmasse dazugeben und weiter mixen.
- Zu diesem Zeitpunkt kannst du auch deine anderen Zutaten dazugeben – in meinem Fall Zimt und Schokolade.
- Schmecke die Masse ab, wenn du es süßer möchtest, gib ein paar Datteln mehr dazu.
- Lege eine Kuchenform mit Backpapier aus.
- Fülle die abgeschmeckte Masse in das Behältnis um.
- Decke die Form ab und stell sie in den Gefrierschrank.

- Über Nacht im Gefrierschrank gefrieren lassen. - Nimm die Eiscreme ca. 20 Minuten vor dem Verzehr heraus, damit sie leicht antauen kann.

* * *

Erdbeer – Pistazieneis

Zutaten:

400 ml	Kokosmilch 90% Kokosnussextrakt, gekühlt
200 g	Datteln entsteint
500 g	Erdbeeren
60 g	Pistazien geschält

Zubereitung:

- Stelle die Kokosmilch am besten über Nacht im Kühlschrank kalt, ansonsten aber für mindestens drei Stunden.
- Lege die Datteln in eine kleine Schüssel mit

warmen Wasser, damit diese ein wenig einweichen können.

- Die Erdbeeren ordentlich abspülen und den Erdbeerstrunk entfernen.
- Gib 250 g der Erdbeeren und 30 g der Pistazien zusammen mit den eingeweichten Datteln in einen Standmixer und püriere sie zu einer gleichmäßigen Masse.
- Solltest du keinen Standmixer besitzen, kannst du auch eine große Schüssel und einen Pürierstab dafür nutzen, dann solltest du die Datteln aber mindestens eine halbe Stunde eingeweicht haben lassen.
- Gib die kalte Kokosmilch in eine große Schüssel und schlage sie mit einem Handrührgerät für mindestens 5 Minuten auf, bis sie ein wenig luftiger erscheint.
- Gib nun die Erdbeer-Pistazien-Dattelmasse dazu und rühre diese gut ein.
- Schneide die restlichen Erdbeeren und die Pistazien in kleine Stücke und gib sie unter die Masse.
- Nimm die eine (für das Gefrierfach) geeignete Schale und fülle die Masse vorsichtig um.
- Stelle sie abgedeckt in das Gefrierfach.
- Dort sollte sie mindestens 7 Stunden verbringen. - Um das Eis extra cremig zu zaubern, kannst du die Masse mehrmals aus dem Gefrierfach holen und umrühren – dafür war ich aber zu faul und es ist auch so sehr cremig geworden.
- Circa 5 Minuten vor dem Servieren aus dem Tiefkühlfach holen und kurz antauen lassen.

Veganes Heidelbeermousse

Zutaten:

1 Stk	Vanilleschote
1 Stk	Avocado, klein
200 g	Heidelbeeren
150 ml	Kokosmilch
60 ml	Kokosöl
1 TL	Honig

Zubereitung:

- Zuerst die Heidelbeeren verlesen und einige für die Garnierung zur Seite legen.
- Als nächstes wird die Vanilleschote der Länge nach halbiert und mit dem Messerrücken das Mark heraus geschabt.
- Ebenso die Avocado halbieren und den Kern entfernen.

- Dann das Fruchtfleisch mit einem Löffel herauslösen und zusammen mit den Heidelbeeren in ein hohes Gefäß geben.
- Zusammen mit dem Vanillemark, Honig und der Kokosmilch mit dem Stabmixer cremig pürieren.
- Dabei das Kokosöl nach und nach einlaufen lassen.

Tipps:
- Über Nacht kalt gestellt kann aus dem Mousse mit Löffeln Nockerl geformt werden.
- Diese mit Mandelsplitter und den frischen Heidelbeeren anrichten.
- Ansonsten in Schüsseln oder Schalen, leicht flüssig als Creme servieren.

* * *

Holunderblüten – Milcheis

Zutaten:

250 ml	Milch, 3,5 %
3	Eigelb
100 g	Honig, Akazienhonig oder 125 g Zucker
12	Holunderblütendolden
200 ml	süße Sahne
1 TL	Ingwer getrocknet, gemahlen

Zubereitung:
- Die Eigelbe mit dem Akazienhonig oder dem Zucker aufschäumen.
- Die Milch und die Sahne kurz mit dem Ingwer aufkochen, die Holunderblüten, welche von den

Stielen abgezupft wurden, hinzu geben und abkühlen lassen.

- Dann durch ein Sieb abseien.
- Die Eier-Honigmasse dazu geben und vollkommen abkühlen lassen.
- Jetzt das Ganze mit einem Mixer noch einmal aufschäumen und dann in ein Behältnis geben, um es in den Tiefkühlschrank zu stellen.
- Nach einer halben Stunde noch einmal raus nehmen und nochmals durchrühren, damit das Eis schön sahnig wird.
- Dies wird je nach 1/2 Stunde ebenfalls zweimal wiederholt.
- Wer pures Milcheis haben möchte, lässt die süße Sahne weg und nimmt dann 500 g Milch.
- Wer es noch mehr verfeinern will, kann aber auch noch 100 g Mascarpone mit an die Eismasse geben.
- Dies kann jeder selber ausprobieren und experimentieren.

* * *

Selbst gemachter Vanillepudding

Zutaten:

4 Eigelb
50 g Zucker, ich nehme am Liebsten Roh-Rohrzucker
2 gehäufte Esslöffel Mehl (oder Stärke)
2 Vanilleschote (alternativ 2 Päckchen Bourbon-Vanille-Pulver)
400 ml Milch

Zubereitung:

- Die Eier werden getrennt und das Eigelb mit dem Zucker, dem Mehl und ca. 100 ml Milch verrührt.
- Die Vanilleschote wird aufgeschnitten und das Vanillemark und die Schote werden zu der Milch gegeben, die man dann zum Kochen bringt.
- Wenn die Milch kocht, nehmt ihr die Vanilleschote heraus (Achtung, aufpassen, dass die Milch nicht überkocht ;-).
- Nun wird die Zucker-Eier-Mehl-Masse langsam eingerührt.
- Unter ständigem Rühren köchelt ihr den Pudding noch ein paar Minuten bis er die richtige Konsistenz hat.
- Der Pudding kann warm oder kalt gegessen werden.

Tipps:

- Wenn ihr keine Haut auf dem Pudding mögt, hilft es, Zucker darauf zu streuen.
- Man kann Vanillezucker selbst machen, indem man Reststücke von Vanillestangen in normalen Zucker legt.
- Alles in ein gut verschließbares Glas geben.

* * *

Heißer Kokosmilchpudding

Zutaten

400 ml	Premium Bio-Kokosmilch
3 EL	Premium Bio-Kokosblütenzucker
2 1/2 EL	Bio-Speisestärke

Zubereitung

- Etwas Premium Bio-Kokosmilch beiseite stellen, den Rest Premium Bio-Kokosmilch in einem Topf zum Kochen bringen.
- Premium Bio-Kokosblütenzucker (bei Bedarf auch mehr oder weniger Zucker verwenden) und Bio-Speisestärke mit der extra Premium Bio-Kokosmilch verrühren.
- Nun das Gemisch zur kochenden Premium Bio-Kokosmilch geben und kräftig verrühren.
- Kurz aufkochen lassen und in Puddingförmchen geben.
- Auskühlen lassen und genießen.

* * *

GEMÜSEREZEPTE

* * *

Kürbis mit Camembert und Walnüssen
Leckeres russisches Rezept

Zutaten:
Muskatkürbis
Camembert-Käse
Thymian
Olivenöl
Walnüsse
Honig

Zubereitung:

- Wir haben 1 cm dicke Scheiben der runden Seite nach abgeschnitten Braten bei mittlerer Hitze, bis

die Kruste auf beiden Seiten rot wird.
- In eine Auflaufform legen, Käse, einen Thymianzweige darauf geben, mit Nüssen bestreuen und 7-10 Minuten in einen vorgeheizten Ofen auf 180 Grad backen.
- Gießen Sie nun den Honig darüber und servieren Sie gleich.

* * *

Blumenkohl – Bologness

Zutaten:

1	Blumenkohl
1 Bund	Suppengemüse
1	Zwiebel
	Öl
1 EL	Tomatenmark
½ L	Tomatensoße
2	Lorbeerblätter
1 Zweig	Rosmarin
etwas	Thymian
1 L	Gemüsebrühe
500 g	Nudeln

Zubereitung:
- Blumenkohl waschen, in kleine Teilchen schneiden.
- Blätter gründlich waschen und fein schneiden.
- Blumenkohl auf einem Backblech verteilen und mit Salz, Pfeffer, Paprika, Koriander und Öl mischen.
- Bei ca. 160 Grad 20 Min. backen. Vorsicht, dass er nicht zu braun wird.

- Zwiebel, Karotten und Lauch ganz fein würfeln.
- In Öl anschwitzen, dann das Tomatenmark dazu geben.
- Mit der Gemüsebrühe ablöschen.
- Dann ca. ½ Liter Tomatensoße dazu geben.
- Lorbeerblätter, Rosmarin und Thymian dazu geben.
- Kurz aufköcheln lassen.
- Dann den gerösteten Blumenkohl dazu geben.
- Temperatur runter schalten.
- Nebenbei die Nudeln kochen.
- Nun im Teller anrichten.

* * *

Spargelpfanne mit Kartoffeln

Zutaten:

200 g	kleine Kartoffeln
800 g	grüner Spargel
10	Kirschtomaten
1	Knoblauchzehe
1	Zwiebel
4 EL	Olivenöl
100 ml	Gemüsebrühe
1 EL	geschmacksneutrales Öl
	Salz
	Pfeffer

Zubereitung:

- Kartoffeln schälen und in mundgerechte Stücke schneiden.
- In ausreichend Salzwasser 10 Minuten vorkochen.

- Grünen Spargel putzen und in ca. 3 cm große Stücke schneiden.
- Kirschtomaten halbieren, Knoblauch und Zwiebel schälen, fein hacken.
- Öl in einer Pfanne erhitzen.
- Kartoffeln darin bei mittlerer Hitze 5 Minuten scharf anbraten.
- Spargelstücke dazugeben und ca. 2 Minuten mit braten, sodass das Gemüse sichtbare Röstspuren bekommt.
- Tomaten, Zwiebeln und Knoblauch dazugeben und weitere 5 Minuten mit braten, bis die Zwiebeln glasig sind.
- Mit Gemüsebrühe ablöschen, Flüssigkeit etwas reduzieren lassen.
- Butter einrühren, mit Salz und Pfeffer abschmecken.
- Spargelpfanne nach Belieben mit frisch gehackter Petersilie bestreuen.

* * *

Karotten glasiert mit Humus und dicken Bohnen

Zutaten:

2 TL Honig oder Ahornsirup
2 EL Sonnenblumenkerne
1 TL getrockneter Thymian
1/2 TL Kreuzkümmel
1 TL Speisestärke
1/2 Biozitrone, Saft und Schale
Etwas Speiseöl und Salz

Dazu passt Brot, etwa Ciabatta oder Baguette
Optional: etwas Tahini (Sesammus)

Zubereitung:

- Den Ofen auf 200 Grad (Ober-/Unterhitze) stellen, ein Backblech mit Backpapier auslegen und das Gemüse vorbereiten.
- Die Karotten waschen und schälen.
- Nun in mundgerechte Stücke schneiden und auf das Backblech legen.
- Mit etwas Öl und den Sonnenblumenkernen bedecken und leicht salzen.
- Die Bohnen abgießen und ebenfalls auf dem Backblech verteilen.
- Alle Bohnen leicht salzen und etwa ein Drittel der Bohnen mit insgesamt 1 TL Speisestärke bestreuen, dann etwas vermengen.
- Dieses Drittel wird später das Topping.
- Das Blech in den Ofen schieben und etwa 20 Minuten backen.

- In der Zeit den Knoblauch hacken und mit Honig und Thymian verrühren.
- Nach 20 Minuten die Karotten auf dem Blech mit der Knoblauch-Honig-Thymian-Paste durch mixen und die Bohnen mit dem Kreuzkümmel bestreuen.
- Dann alles noch einmal fünf bis zehn Minuten weiter backen.
- Am Ende der Backzeit zwei Drittel der Karotten und die Bohnen ohne_Speisestärke zusammen in einen Mixer oder eine Küchenmaschine geben und fünf Minuten zu einer feinen Masse verarbeiten.
- Wer keine Maschine hat, nimmt einen Pürierstab.
- In jedem Fall etwas Wasser, einen großen Schluck Öl und den Saft und die Schale einer halben Zitrone zugeben.
- Wer Tahini da hat, kann auch hiervon einen Löffel zugeben.
- So lange pürieren und vorsichtig in kleinen Schlucken mehr Wasser zugeben, bis die Masse angenehm cremig ist.
- Nun mit Salz abschmecken.

- Den Bohnen-Möhren-Hummus auf einem Teller verteilen und mit den knusprigen Bohnen mit Speisestärke und den restlichen glasierten Karotten aus dem Ofen verzieren.
- Wer Karotten mit Grün gekauft hat, kann einige Blätter davon als Garnitur obendrauf geben.
- Auch ein Schuss Öl, mehr Kreuzkümmel oder ein paar Chiliflocken sehen super aus.
- Mit geschnittenem Brot servieren und dann original mit den Fingern essen.

Allerlei Gemüse traditionell in der Tajine gekocht

Zutaten für 2-3 Personen:

1 Zucchini (vierteln)
1 rote Zwiebel (Scheiben)
4 Frühlingszwiebeln
1 Kohlrabi (Stifte)
1 Möhre (vierteln)
2 Kartoffeln (halbieren)
50g Erbsen
1 kl. Bund Petersilie &Koriander
1 Peperoni (optional)
40g Oliven
½ TL Salz
½TL Pfeffer
½ TL Ingwerpulver
½ TL Kurkuma
2-3 EL Olivenöl

Zubereitung:

- Das Gemüse waschen, trocken tupfen, schälen und wie o.a. zu recht schneiden.
- Zunächst eine Tajine (traditionelles Lehmgefäß) mit Zwiebeln und Frühlingszwiebeln ausbetten.
- Diese kommen als erste Schicht um gleichzeitig das Anbrennen zu verhindern.
- Die Kartoffeln in die Mitte der Tajine platzieren und das restliche Gemüse pyramidenförmig schichten.
- Gewürze mit 30 ml Wasser vermengen und zu einer Marinade verrühren.
- Über das Gemüse in die Tajine verteilen im Anschluss mit Olivenöl beträufeln.

- Das Gemüse mit einem Kräuterbund aus Koriander und Petersilie und ggf. einer Peperoni bekrönen, Deckel drauf und die Tajine auf den Herd stellen.
- Kaltes Wasser in die Deckel Mulde füllen und für 40 Min.
- Schonend auf niedriger Stufe schmoren lassen.

Was ist eine Tajine?

Die Tajine, Tagine oder auch Taschiin ist in der nordafrikanischen Küche des Maghreb ein rundes, aus Lehm gebranntes Schmorgefäß mit gewölbtem oder konischem Deckel und das darin gekochte Gericht der Berber.
Der Deckel dient auch als Griff, dessen Ende wie ein Knauf oder wie ein Schlot geformt sein kann.

Quelle: Wikipedia

Die Tajine ist das traditionelle Kochgerät der Nomaden Nordafrikas. Schon vor tausenden von Jahren benutzten die Berber den Topf aus Lehm, um darin Fleisch und Gemüse zu schmoren.
Denn in der Tajine verteilt sich die Hitze perfekt und das Gargut bleibt knackig, schmort schonend und wird wunderbar aromatisch.

* * *

Kohl mit Misoglasur

Zutaten

1 Weißkohl oder Spitzkohl
2 Knoblauchzehen
10 g Ingwer
1 rote Chilischote
2 EL Sesamsamen
1 EL Misopaste
1 EL Tamari- oder Sojasauce
2 EL Ahornsirup

Zubereitung:

- Den Kohl längs vierteln.
- Knoblauch und Ingwer schälen und fein hacken. - Die Chilischote fein würfeln.
- Wer es nicht so scharf mag, entkernt sie zuerst.
- Die Sesamsamen in einer trockenen Pfanne bei mittlerer Hitze rösten, bis sie zu platzen beginnen.
- Eine Prise Salz darüber streuen, den Herd ausschalten und die Sesamsamen ca. 5 Minuten unter Schwenken bräunen.
- Aus der Pfanne nehmen und beiseite stellen.

2 Esslöffel Olivenöl in einer zweiten großen beschichteten Pfanne sehr heiß werden lassen.
- Die Kohlviertel mit einem halben Teelöffel Salz bestreuen und 3 bis 4 Minuten auf jeder Schnittseite anbraten, bis sie bräunen.
- Dann die Viertel auf die Außenseite drehen, 2 Esslöffel Wasser in die Pfanne träufeln, den Deckel auflegen und den Kohl 4 Minuten dämpfen. Knoblauch, Ingwer, Misopaste, Tamari und Ahornsirup in einem Becher mit 4 Esslöffeln Wasser verquirlen.
- Die Schnittseiten der Kohlviertel in der Pfanne mit der Hälfte dieses Dressings glasieren und sie nochmals eine Minute auf jeder Schnittseite braten.
- Aus der Pfanne nehmen, mit der restlichen Glasur beträufeln und mit Chiliwürfeln und Sesamsamen garniert servieren.

* * *

Informationen zu Miso und Tamari

Miso:
Miso hat einen Geschmack, den Forscher im Jahr 2000 als “umami” klassifiziert haben.
Seit diesem Jahr gilt umami als 5. Geschmacksrichtung und gesellt sich zu süß, salzig, bitter und sauer.
Der Geschmack lässt sich am besten als **würzig und reichhaltig** beschreiben.
Miso ist eine ursprünglich japanische Paste, die hauptsächlich aus Sojabohnen mit veränderlichen Anteilen von Reis, Gerste, anderem Getreide oder

Pseudogetreide und Speisesalz besteht.
Miso ist wesentlicher Bestandteil der japanischen Küche und dient in vielen traditionellen Gerichten wie der Misosuppe als Zutat.

Quelle: Wikipedia

Tamari

Tamari-**Sojasauce** ist ein authentisches japanisches Würzmittel.
Diese Sauce entsteht als Nebenprodukt bei der Herstellung von Miso. Es ist die Flüssigkeit, die bei der Fermentation von Sojabohnen freigesetzt wird.
Unsere Sojasauce wird traditionell aus ganzen Sojabohnen gebraut.

Was ist der Unterschied zwischen Tamari und normaler Sojasauce?
Der längere Fermentationsprozess von Tamari ermöglicht es, dass sich Soja und Salz gut vermischen, was zu einem weicheren Geschmack und einem tieferen Umami-Geschmack führt.
Sojasauce hat tendenziell ein schärferes Aroma und eine ausgeprägtere Schärfe.

* * *

Was versteht man unter Umami – Geschmack?

Was ist Umami und wie schmeckt das?

Umami ist ein japanisches Wort, das auf Deutsch so viel

wie „köstlich“ bedeutet.
Es gilt neben dem süßen, sauren, salzigen und bitteren…
Besonders häufig ist umami in proteinreichen Lebensmitteln zu finden.
Die Geschmacksqualität wird als herzhaft-intensiv, fleischig beschrieben.

* * *

Gemüselasagne

Zutaten:

12 Lasagneblätter
1 Zucchini (gewürfelt)
1 Aubergine (gewürfelt)
1 Paprika (gewürfelt)
1 Zwiebel (gehackt)
2 Knoblauchzehen (gehackt)
400 g gehackte Tomaten (aus der Dose)

2 EL Olivenöl
200 g Ricotta
200 g Mozzarella (gerieben)
Salz und Pfeffer nach Geschmack
Frisches Basilikum (gehackt

Zubereitung:

- Zwiebel und Knoblauch in einer großen Pfanne mit Olivenöl anbraten, bis sie weich sind.
- Die Zucchini, Aubergine und Paprika hinzufügen und etwa 10 Minuten anbraten.
- Die gehackten Tomaten hinzufügen und die Sauce bei niedriger Hitze etwa 10 Minuten köcheln lassen.
- Mit Salz und Pfeffer abschmecken.
- Eine Schicht Lasagneblätter in eine gefettete Auflaufform legen und abwechselnd mit der Gemüsesauce, Ricotta und Mozzarella schichten.
- Bei 180°C (350°F) etwa 40 Minuten backen, bis die Lasagne goldbraun ist.

* * *

Paprika-Cordon-bleu

Zutaten für 1 Person:

1-2 Paprika
1 Ei
1 Mozzarella oder 1 Feta 200g
4 EL Semmelbrösel
(füge hier gern Salz, Pfeffer, Paprikapulver hinzu)
Bratöl

Zubereitung:

- Paprika waschen, teilen und den Samen entfernen.
- Nun bei 160 Grad 20 Min. backen.
- Dann die Haut abziehen.
- Auf jede Hälfte eine dickere Scheibe Mozzarella oder Feta legen und die Hälften dann zusammen klappen.
- Ei verquirlen und den gefüllten Paprika darin wenden.
- Nun mit Semmelbröseln bedecken und in einer Pfanne mit etwas Bratöl von beiden Seiten kurz anbraten.

* * *

Mischgemüse mit Bohnen – einwecken

Zutaten:

300 g	Bohnen, breit
1 TL	Backpulver

Zum Blanchieren:

2 Liter	Wasser
1 St.	Paprika rot
3 St.	Karotten
1 St.	Zucchini
1 St.	Paprika gelb
2 St.	Zwiebeln gewürfelt

Wieder abkühlen lassen:

2 Liter	Wasser kochend
2 TL	Salz, grob

Zubereitung:

- Wer Bohnen einkocht, weis in der Regel,dass das nicht das einfachste Gemüse ist.
- Bohnen neigen sehr dazu zu gähren, daher muss man die Bohnen, mindestens 2 x mal einkochen.

Zubereitung:

- Wer Bohnen einkocht, weis in der Regel,dass das nicht das einfachste Gemüse ist.
- Bohnen neigen sehr dazu zu gären, daher muss man die Bohnen, mindestens 2 x mal einkochen.
- Gläser auskochen.
- Enden abschneiden, schnippeln.
- Mit Backpulver blanchieren, damit die grüne Farbe gut erhalten bleibt.
- Danach abschrecken.

Karotten :

- Grün und Wurzel entfernen, waschen, schälen, hobeln, mit den Bohnen blanchieren.
- Putzen, waschen, klein schneiden, blanchieren, abschrecken.
- Paprika gelb, gleicher Vorgang wie bei rot.
- Zucchini Enden abschneiden, in Würfel schneiden oder hobeln, blanchieren.
- Ich lasse nur einmal aufkochen und dann 1 Min., gleich abschrecken.
- Nach eigenen Vorstellungen, je Glas 1 TL. Salz, auffüllen mit dem Abgekochten, abgekühlten Wasser bis kurz unter den Rand.
- 60 Min.bei 100 C° einwecken.
- Am nächsten Tag nochmals einwecken.

Wer die Mischgemüse mit Bohnen nicht einwecken möchte, kann es direkt als komplettes Essen zubereiten.

* * *

Gurkengemüse

Zutaten:

2 m.-große	Zwiebeln, gewürfelt
1 Tube	Tomatenmark
1	Salatgurke, gewürfelt
	Oregano
3 EL	ÖL
½ L	Wasser
	Basilikum
	Salz und Pfeffer
	Tabasco

Zubereitung:

- Öl in den einen Topf geben, Zwiebeln darin glasig dünsten.
- Die gewürfelte Salatgurke zugeben, mitdünsten.

- Tomatenmark zugeben, kurz mitdünsten.
- Wasser hinzugeben. Mit Salz, Pfeffer, Oregano, Basilikum, Tabasco abschmecken.
  Kochen lassen, bis alles weich ist.
- Verfeinern kann man die Sauce mit ein paar Esslöffeln Schmand!
- Dazu reichen kann man Baguette oder Nudeln.

* * *

Kimchi

Zutaten:

2 – 3	Gläser zur Fermentierung
1 großer	Chinakohl
2-3	Möhren
1	mittelgroßer weißer Rettich
1 Bund	Frühlingszwiebeln
1 kleine	Zwiebel
20 g	frischer Knoblauch
30 g	frischer Ingwer
1	Apfel
20-40 g	Chilliflocken z.B. koreanisches Gochugaru nach Geschmack
	Salz
1 EL	Fischsoße optional
2 EL	Sojasoße oder Misopaste als vegane Alternative
1 EL	Noriflocken optional

Zubereitung:

- Schneide den Chinakohl in mundgerechte Stücke, klassisch sind große Quadrate.

- Die Möhren und den Rettich raspeln oder stifteln und die Frühlingszwiebeln in Ringe schneiden.
- Wiege nun dein gesamtes Gemüse ab und nimm von dem Gewicht 2% Salz, also auf - 1kg Gemüse kommen 20g Salz.
- Um deine genaue Salzmenge zu berechnen, multipliziere die Grammzahl deines Gemüses mit 0,02.
- Knete das Salz behutsam mit dem Gemüse, sodass die Zellflüssigkeit langsam austritt und das Gemüse im eigenen Saft steht.
- Bei Chinakohl geht dies meist deutlich schneller als bei Weißkohl.
- Püriere für die typische rote Kimchipaste in einem Blender Knoblauch, Ingwer, Zwiebel, Apfel, Chili und die Fischschsoße/Sojasauce/ Misopaste.
- Gib bei Bedarf etwas Wasser dazu.
- Gib die Soße zu dem Gemüse und vermische alles.
- Schmecke nochmal ab, ob das Kimchi salzig genug schmeckt und gib die Noriflocken dazu, wenn gewünscht.
- Schichte nun das Kimchi Schicht für Schicht in dein Glas und drücke jede einzelne Schicht fest, damit die Flüssigkeit den Kohl schön bedeckt.
- Lasse ca. 3 cm Platz zum oberen Rand frei, damit das Kraut nicht überläuft beim Fermentieren.
- Wichtig ist, dass alles mit Flüssigkeit bedeckt ist und es im Glas keine Luftblasen gibt.
- Fermentationsgewichte aus Glas sind hierfür ideal.

- Verschließe dein Glas und beschrifte es mit Inhalt und Datum.
- Stelle dein Kraut die ersten 5-7 Tage bei Raumtemperatur in deiner Küche auf, damit die Fermentation gut in Gang kommt.
- Danach muss das Kimchi an einen kühleren Ort umziehen, am besten den Kühlschrank.
- Das ist sehr wichtig, sonst wird es zu sauer.
- Nach ca. 2-3 Wochen Fermentationszeit kannst du mal kosten.
- Schmeckt es dir, ist dein Ferment fertig!
- Im Kühlschrank aufbewahrt hält sich das Kimchi einige Monate.

* * *

Informationen zu Noriflocken

Diese grünen, feinen, getrockneten Meeresalgen, auch AO-Nori genannt, schmecken köstlich als Streuwürze für Getreide- und Nudelgerichte, Suppen und Salate und bereichern viele Gerichte.
Einfach zum Schluss über das Essen geben.

Gesunde Eigenschaften der Alge
Sie enthalten viel Jod.
Schon eine kleine Menge deckt den täglichen Bedarf.
Algen enthalten unter anderem Protein, lösliche und unlösliche Ballaststoffe, Vitamin B1 und B2, Eisen, Mangan, Kupfer, Vitamin B12 und Omega-3-Fette.

Pak Choi mit Reis

Zutaten:

3 frische	Pak choi
etwas	Öl, z.B. Sesamöl
helle	Sojasoße
	Salz, Pfeffer
	gerösteter Sesam
150 – 200 g	Reis, z.B. Basmati

Zubereitung:

- Entferne zunächst unschöne Blätter vom Äußeren des Kohls und schneide den Strunkansatz ab.
- So sind die einzelnen Blätter nicht mehr miteinander verbunden und können im nächsten Schritt unter fließendem Wasser abgespült werden.
- Anschließend die Blätter trocken schütteln – das geht gut in einer Salatschleuder.

- Trenne die feinen Blätter von den gröberen Stielen und schneide beides in mundgerechte Stücke.
- Waschen Sie den Reis mehrmals gründlich in klarem Wasser!
- Ideal ist es, eine gute Prise Natron hinzu zu geben.
- Nun kann gleich der Reis zum Kochen aufgestellt werden.
- Die Blätter sind besonders schnell gar, weshalb du diese etwas gröber schneiden kannst.
- Etwas Öl in einer Pfanne erhitzen.
- Erst die klein geschnittenen Stiele in die Pfanne geben und diese bei mittlerer Hitze ca. 3 Minuten anbraten.
- Dann die Blätter dazugeben und alles zusammen 1-2 weitere Minuten braten.
- Mit Salz, Pfeffer und Sojasoße abschmecken. - Nach Belieben mit geröstetem Sesam bestreuen.

* * *

Schakschuka

Ich muss gestehen, eines meiner absoluten Lieblingsgerichte!
Im Herbst wenn es gute frische Tomaten und Paprika gibt, wecke ich mir immer einige Gläser davon ein.

Zutaten:

1000 g	Tomaten
2	Zwiebeln
2	Knoblauchzehen
2	rote Paprika

2 EL	Olivenöl
3 EL	Tomatenmark
1 TL	Kreuzkümmel
1 EL	Paprikapulver edelsüß
1 Prise	Zimt
optimal	Cayennepfeffer, Chilipulver ODER
1 kl	Chilischote
	Salz und Pfeffer
4 - 8	Eier
1 Bd	frischer Koriander
8 Sch.	Vollkornbrot, oder Baguette

Zubereitung:

- Tomaten waschen, am Strunk kreuzweise einritzen und in eine Schüssel geben.
- Mit kochendem Wasser bedecken und **5 Minuten** ziehen lassen.
- Das Wasser abgießen, die Tomaten mit kaltem Wasser abschrecken, die Haut abziehen.
- Das Tomatenfleisch in Würfel schneiden.
- Zwiebel und Knoblauch abziehen. Zwiebel fein würfeln, Knoblauch hacken.
- Paprika waschen, Strunk und Kerngehäuse entfernen, die Schoten halbieren und in kurze Streifen schneiden.
- Das Öl in einer weiten, ofenfesten Pfanne erhitzen. Tomatenmark, Kreuzkümmel, Paprikapulver, Garam Masala, Zimt und optional Cayennepfeffer oder Chilipulver im heißen Öl kurz rösten, bis das Tomatenmark leicht ansetzt.
- Zwiebel, Knoblauch und Paprika zugeben und ca. 5 Minuten dünsten.

- Die Tomatenwürfel samt austretender Flüssigkeit in die Pfanne geben, mit Salz und Pfeffer würzen und alles gut miteinander verrühren.
- Die Shakshuka ohne Deckel für ca. 20 Minuten leicht köcheln lassen.
- Je länger die Shakshuka einkocht, desto dickflüssiger wird sie.
- Koriander abbrausen, trocken schütteln und die Blättchen von den Stielen zupfen.
- Die Shakshuka original mit frischem Koriander und Brotscheiben servieren.

Tipps:
- Ich ziehe die Tomaten nie ab.
- Zum Schluss kann man auch noch ½ Feta darüber bröckeln und dann die Eier dazu geben.

* * *

Spinat – Kuchen mit Käse überbacken

Zutaten:

	Olivenöl
1	Zwiebel
520g	Spinat
	Salz und Pfeffer
3	Eier
130 ml	(1/2 Tasse) Milch
160 g	(1 1/4 Tassen) Mehl
	Salz und Pfeffer
	Petersilie
220g	Feta
	Olivenöl
geriebener	Käse

Zubereitung:

- In einer Pfanne das Olivenöl und die Zwiebel hinzufügen und braten, bis sie durchsichtig sind. - Gib den Spinat, Salz und Pfeffer hinzu und brate für ein paar Minuten.
- Danach zur Seite stellen.
- In einer Schüssel die Eier, Milch, Mehl, Salz, Pfeffer, Petersilie, Feta und zubereiteten Spinat hinzufügen und alles gut mischen.
- Gib nun Olivenöl in eine Auflaufform und gieße die Mischung hinein.
- Den geriebenen Käse und die Petersilie darüber streuen.
- Den Kuchen nun im Ofen bei 180°C für 25 Minuten backen.
- Danach den Spinatkuchen in schneiden und servieren.

* * *

Jaroma - Kohl - Hirse Auflauf

Zutaten:

120 g	Hirse
400 ml	Gemüsebrühe
300 g	Jaroma Kohl
1	Zwiebel
1 EL	Öl
	Salz und Pfeffer
2 Zweige	Thymian
400 g	Tomaten in Würfel
150 g	Ricotta Frischkäse
1	Ei
40 g	Parmesankäse, frisch gerieben

Zubereitung:

- Für Jaroma Kohl Hirse Auflauf zunächst Hirse mit Gemüse Brühe aufkochen.
- Hirse auf mittlerer Stufe 15 Minuten köcheln lassen.

- Backofen auf 200° C vorheizen.
- Jaroma Kohl in Streifen schneiden.
- Zwiebeln würfeln.

- Den Kohl und die Zwiebeln in Öl andünsten.
- Mit Pfeffer, Salz und fein gehackten Thymian Zweigen würzen.
- Tomaten Würfel aus der Dose zufügen.
- Kurz aufkochen.
- Auf mittlerer Stufe 10 Minuten köcheln lassen.
- Ricotta Frischkäse und Ei unter die Hirse mischen.
- In eine Auflauf Form füllen, und in die Mitte eine Vertiefung drücken.
- Jaroma Kohl in die Vertiefung füllen.
- Frischen Parmesan Käse raspeln.
- Über den Auflauf streuen.
- Auflauf auf der mittleren Schiene 10 Minuten überbacken.

* * *

Informationen zu Jaromakohl

Jaromakohl ist der Urtyp des Weißkohls und gehört der Gattung Kreuzblütengewächse an.
Seine Geschichte reicht bis in das 16. Jahrhundert zurück. Seit etwa 10 Jahren erlebt er bei uns eine echte Renaissance.
Urkohl ist ein Urtyp vom Weißkohl. Typisch ist seine platt runde Form.
Anders wie klassischer Weißkohl ist der Urkohl mild und leicht süßlich im Geschmack. Dieser riecht beim Kochen nur sehr dezent und ist besonders gut verträglich.

Kohl - **gesund und kalorienarm**
Roh verzehrt, decken schon etwa 100 Gramm den täglichen Vitamin-C-Bedarf.
Grünkohl hat den höchsten Gehalt an wertvollem Eiweiß und ist nach Möhren der zweitbeste Lieferant des Provitamins A.
Durch seinen hohen Anteil an Senfölen wirkt er außerdem krebsvorbeugend.

* * *

Blumenkohl mit Honig

Zutaten:
1 Blumenkohl
130 g Mehl
300 g Semmelbrösel
3 große Eier
80 g Honig
80 g Sojasauce, hell
2 Knoblauchzehen
Limettensaft
60ml Wasser
2 TL Maisstärke
2 Frühlingszwiebeln
1 Schuss Chilisauce

Zubereitung:
- Heize den Ofen auf 200 Grad vor.
- Den Blumenkohl in Röschen schneiden und in einer großen Schüssel mit dem Mehl vermischen.
- Fülle einen Teller mit den Semmelbröseln und einen weiteren mit den geschlagenen Eiern

- Füge hier 2 Esslöffel Wasser hinzu.
- Tunke den Blumenkohl zuerst in das Ei und dann in die Brösel.
- Wiederhole das bis alle Röschen vollkommen bedeckt sind.
- Lege jetzt die Röschen auf ein Backblech mit Backpapier aus.
- Nun mit etwas Salz und Pfeffer würzen.
- Lasse es 20-25 Minuten lang backen, bis alles goldbraun und knusprig ist.

Zubereitung der Sauce
- Für die Sauce mischst du Maisstärke mit etwas Wasser, bis sich die Stärke auflöst.
- Mische die Sojasoße mit Knoblauch, Honig, Limettensaft und Chilisoße in einer Pfanne.
- Lasse es aufkochen und reduziere dann die Hitze.
- Füge dann die Maisstärke hinzu, und lasse die Mischung wieder aufkochen.
- Danach 2 Minuten weiter köcheln.
- Vermische die gebackenen Röschen mit der Soße und achte darauf, dass alles vollständig bedeckt ist.
- Den Blumenkohl dann noch 2 Minuten in den Ofen stellen.
- Serviere nun mit geschnittenen Frühlingszwiebeln.

* * *

Gedünsteter Chicoree mit Ahornsirup

Zutaten:
4 Chicoree

2 Zwiebel
1 Scheibe Ingwer frisch
½ Chili
2 EL Olivenöl
1 TL Kreuzkümmel / Cumin
1/4 TL Kurkuma
1 TL Curry
1 TL Bockshornklee
1/2 TL Ingwer gemahlen
1 EL Ahornsirup (alternativ Sirup ohne Zucker)
1 Msp Muskatnuss
Salz und Pfeffer

Zubereitung:

- Den Chicoree gut waschen und putzen.
- Dann längs vierteln und in kochendem Wasser ca. 5 Minuten blanchieren.
- Dabei aufpassen, dass er nicht zu weich wird.
- Nun die Zwiebel schälen und in feine Ringe schneiden, den Ingwer ebenfalls schälen und in feine Streifen schneiden.
- Die Peperoni putzen und ebenfalls in feine Streifen schneiden.
- Wenn Ihr es richtig scharf mögt, dann könnt Ihr natürlich auch eine ganze Chilischote verwenden.
- Als nächstes etwas Olivenöl - aber wirklich nur wenig (ca 2 EL) - in einer Pfanne erhitzen und die Kreuzkümmelsamen darin anrösten.
- Nun kommen Zwiebel, Ingwer und Chili mit in die Pfanne und werden ebenfalls leicht gebräunt.
- Zur Verfeinerung werden nun die restlichen Gewürze hinzu gegeben, damit sich der Geschmack voll entfalten kann.

- Alles zusammen ca. 5 Minuten schmoren lassen.
- Dann den Pfanneninhalt mit 100ml Wasser ablöschen und den Ahornsirup hinzugeben.
- Mit Muskatnuss, Salz und Pfeffer abschmecken.
- Nun den Chicoree in eine Auflaufform legen und mit dem Gewürzsud übergießen.
- Bei 175°C ca 20 Minuten im Backofen braten und fertig ist das leckere ayurvedische Gericht.

* * *

Rote Bete – Frikadellen

Zutaten:

400 g	Rote Beete, vorgegart, gerieben
2	Karotten, gerieben
2	Kartoffeln, gerieben
½	Zwiebel, fein gehackt
150 g	Erbsen aus der Dose, abgetropft
1	Knoblauchzehe, fein gehackt
3	Frühlingszwiebeln, gehackt
1	Ei
½ TL	Salz
¼ TL	Pfeffer
2 EL	Mehl
3 EL	Olivenöl

Zubereitung:
- Geriebene Rote Bete, Karotten und Kartoffeln vermengen.
- Zwiebel, Knoblauch und Frühlingszwiebeln fein hacken und untermengen.
- Abgetropfte Erbsen, Ei, Salz, Pfeffer und Mehl

hinzufügen, kurz vermengen.

- Mit einem EL die Masse portionieren, in die Pfanne geben und in Olivenöl von beiden Seiten bei mäßiger Hitze braten.

* * *

Vegetarische Frikadellen

Zutaten:

1 L Gemüsebrühe
150 g Reis
150 g Emmentaler
2 Möhren
2 m. gr. Zwiebeln
2 Eier
Salz und Pfeffer

3 EL gemischte Kräuter,
n.B. Semmelbrösel
n.B. Butterschmalz

Zubereitung:

- Die Brühe aufkochen lassen.
- Den Reis hineingeben und 15 Min. kochen lassen.
- Er sollte noch etwas "al dente" sein.
- Den Reis abgießen und abkühlen lassen.
- Den Käse raspeln.
- Die Möhren putzen und raspeln.
- Die Zwiebeln fein würfeln.
- Reis, Käse, Möhren, Zwiebeln und Eier miteinander verrühren.
- Pfeffer (ruhig reichlich), Salz und Kräuter einrühren.
- Semmelbrösel einrühren, bis die Masse etwas Konsistenz hat.
- Alles ca. 15 Min. quellen lassen.
- Prüfen, ob die Masse unter Druck in den Händen zu einer Frikadelle geformt werden kann.
- Wenn ja, anschließend die Frikadellen noch leicht in Semmelbröseln wälzen.
- In reichlich Butterschmalz bei geringer Hitze die Frikadellen vorsichtig von beiden Seiten goldbraun braten.
- Nach dem Braten auf Küchenkrepp das Fett abtropfen lassen.

Anmerkung:

- Man kann natürlich auch einen Rest Reis vom Vortag nehmen.
- Dann aber später mit dem Salz nicht sparen.

- Der Reis sollte schon schön würzig sein.
- Ob man Käse und Möhren fein oder grob raspelt, bleibt dem eigenen Geschmack überlassen.

* * *

HERBSTLICHE DELIKATESSEN

* * *

Gepuffte Rote Beete

Zutaten:

2 Rote Beete
1 EL Olivenöl
Salz

Zubereitung:

- Rote Beete schälen, in dünne Scheiben schneiden.
- Scheiben gut trocknen lassen.
- Mit Olivenöl einpinseln, bei 180 °C für 15–20 Minuten backen, bis knusprig.
- Mit Salz bestreuen und servieren.

Hausgemachtes Kaffeegewürz

Für einen kleinen Vorrat des Kaffeegewürzes benötigst du folgende Zutaten:

12 grüne Kardamomkapseln oder die gleiche Menge gemahlenen Kardamom
6 Gewürznelken
5 Pimentkörner
5 schwarze Pfefferkörner
1 TL Zimt (für eine besonders weihnachtliche Note)
1/2 TL gemahlene Vanilleschote optional
1/2 TL geriebenen Muskat
1/2 TL Kakao , optimal
1/2 TL Zucker, optimal

Zubereitung:

- Die Körner mit Hilfe eines Mörsers oder einer Mühle sehr fein mahlen.
- Zimt und weitere optionale Zutaten hinzufügen und alles gut durchmischen.
- Fertige Mischung in ein kleines Schraubglas oder einen kleinen Streuer wie diesen abfüllen.
- Am Besten stellst du erst eine kleinere Menge her und probierst verschiedene Zusammensetzungen aus.
  So findest du die Mischung, die dir am Meisten zusagt.
- Das fertige Gewürz kannst du nach Belieben schon beim Aufbrühen des Kaffees hinzufügen.
- Vor dem Eingießen in die Tasse geben oder etwas Pulver auf den Milchschaum deines Cappuccinos streuen.

Tipps:

- Desserts, Kuchen und Salaten verleiht das Kaffeegewürz ebenfalls ein exquisites Aroma.
- Probiere es doch gleich mal aus, und du wirst sehen:
  Kaffee kann viel mehr sein als nur ein kräftiges Aufputschmittel am Morgen.
- Mit einem Hauch von Arabien wird das Kaffeetrinken vielleicht sogar eine richtige kleine Zeremonie, die Entspannung bringt, anstatt nur Stress zu überdecken.

* * *

Ein leckeres Rezept für Goldene Milch darf natürlich nicht fehlen.

Rezept für Goldene Milch

Zutaten:

1 Tasse	Pflanzenmilch (zum Beispiel Mandelmilch oder Hafermilch)
3/4 TL	Kurkumapulver
1 TL	Honig
1 Prise	Zimt
1 Prise	schwarzer Pfeffer

Zubereitung:

- Die Pflanzenmilch erhitzen und zuerst Kurkuma, dann Zimt und schwarzen Pfeffer unterrühren.
- Den Honig unterrühren wenn die Milchmischung etwas abgekühlt ist.

Tipps:

- Die Goldene Milch oder auch Golden Milk genannt, eignet sich ideal als Kaffeeersatz am Morgen.
- Denn sie kurbelt die Verdauung und den Stoffwechsel noch vor dem Frühstück an.
- Man kann auch noch einen ½ TL Kokosöl dazu geben.
- Wenn es im Sommer richtig heiß ist, kannst du sie einfach eisgekühlt mit ein paar Eiswürfeln als Frozen Golden Latte am Nachmittag genießen.

* * *

Eingelegte Frühlingszwiebeln mit Honig

Zutaten für ca. 1,8 Liter:

1 Bund	Frühlingszwiebeln
1 EL	Senfkorn
0,5 EL	Pfefferkörner, schwarz
600 ml	Weißweinessig
150 g	Honig
500 ml	Wasser

Zubereitung:
- Frühlingszwiebeln waschen, trocken schütteln und oberstes Grün abschneiden.
- Frühlingszwiebeln halbieren und in ein sterilisiertes Einmachglas geben.
- Senfsaat, Pfefferkörner, Essig und Honig mit 500 ml Wasser aufkochen..
- Ca. 5 Minuten köcheln lassen.
- Anschließend direkt über die Zwiebeln gießen.
- Glas sofort verschließen und abkühlen lassen.
- Eingelegte Frühlingszwiebeln vor dem Verzehr mind. 1 Tag kühl und dunkel lagern.

- Die Frühlingszwiebeln brauchen mind. 24 Stunden Ruhezeit.
- Das Rezept funktioniert auch mit roten Zwiebeln und Schalotten.
- Ungeöffnet halten sich die eingelegten Zwiebeln ca. 3 Monate.

* * *

Gesalzenes Karamell

Das Rezept, um es cremig und ohne Klumpen zuzubereiten.

Zutaten:
175 g Zucker
50 g Butter
175 g Sahne
35 g Honig
6 g Salz

Zubereitung:
- Den Zucker in einen Topf geben und ein trockenes Karamell herstellen, dann die Hitze abstellen.
- Sahne und Honig erhitzen und bei niedriger Hitze nach und nach zum Karamell geben.
- Die Hitze abstellen und die Butter hinzufügen und mit einem Stabmixer emulgieren.
- In Gläser füllen und abkühlen lassen.
- Die gesalzene Karamellsauce auf Ihren Lieblingsdesserts genießen.

So lagern Sie das gesalzene Karamell:
- Sie können das Glas lange Zeit dicht verschlossen im Kühlschrank oder an einem kühlen, trockenen Ort (in der Speisekammer) aufbewahren.
- Nach dem Öffnen im Kühlschrank aufbewahren und innerhalb von etwa einer Woche verzehren.

* * *

Fruchtiger Apfel Shake

Zutaten:

200 g	Frischkäse, leicht
2 EL	Zucker
2 EL	Zitronensaft
400 ml	Apfelsaft

Zubereitung:
- Frischkäse, Zucker und Zitronensaft mit dem Handrührgerät glatt rühren.
- Apfelsaft unterrühren und alles auf 4 Longdrinkgläser verteilen.

Knusprige Chilisoße

Zutaten:
3 EL Rapsöl
2 EL getrocknete Chilis
1 TL evtl. fermentierte Sojabohnen
1 EL Erdnüsse, am Besten gehackt, aber nicht zu klein
1 EL Sesamsamen
1 EL gehackten Knoblauch
Oder
1 EL gehackte Zwiebeln
etwas Salz und Zucker

Zubereitung:
- Rauchend heißes Rapsöl wird mit Gewürzen aromatisiert und über sonnen getrocknete Chilis gegossen.
- Gut eignen sich mittelscharfe Chilis, die je nach Geschmack mit o.g. Zutaten vermischt werden.
- Etwas Zucker und Salz gehören auch mit hinein, sodass am Ende eine sehr spezielle Mischung aus Knusprigkeit, Salzigkeit, Schärfe, Süße und Umami entsteht.
- Vorsicht, das Zeug kann süchtig machen!

* * *

Löwenzahnlimonade

Zutaten:
2 Triebspitzen Pfefferminze
2-3 ELZucker
6 Blüten Löwenzahn, ohne Grünteile
750 ml Wasser

Zubereitung:
- In einem Mörser zu einer Paste verarbeiten.
- Nun in eine Flasche geben und mit Wasser auffüllen.
- Vor dem Ausgießen immer gut schütteln.

* * *

Schlanke Mayonnaise

Sie passt zu so vielem, und schmeckt wirklich super

Zutaten:

3 hart gekochte Eier (8 Minuten)
2 EL Olivenöl
1 EL Zitronensaft (oder mehr nach Belieben)
60 ml Wasser
Salz, Pfeffer

Zubereitung:
- Alle Zutaten in einem Mixer oder mit einem Stabmixer ganz fein pürieren.
- Nach Belieben abschmecken oder ergänzen.
- Z.B. mit Knoblauch und Chili.

* * *

Adjika ein russ. Rezept von Andreas

Zutaten:

6 kg	reife Tomaten	2 kg
1 kg	rote Paprika	350 G
1 kg	Karotten	350 G

400 g	Knoblauch	140 G
8 St.	scharfe Paprika	3 Stück
300 ml	Sonnenblumenöl	100 ML
2 EL	Essig 9%	1 schwachen EL
2 EL	Salz	1 schwachen EL
200 g	Zucker	65 g

Zubereitung:

- Tomaten, Paprika und Karotten fein schneiden bzw. raspeln
- Knoblauch und scharfen Paprika fein hacken.
- Mit Essig, Öl, Salz und Zucker würzen.
- Alles aufkochen lassen und ständig umrühren.
- Gläser und Deckel heiß abwaschen oder sterilisieren.
- Das Kochgut noch heiß einfüllen, Deckel drauf, abkühlen lassen.

Wer möchte, dann die Mischung dann noch für 30 Minuten bei 95 Grad einwecken. So hält es sich bis zu einem Jahr.

Winterliches Früchtebrot

Zutaten für die Mischung:

2 große	säuerliche Äpfel
400 g	getrocknete Feigen
200 g	getrocknete Aprikosen
400 g	Rosinen
250 ml	Orangensaft
150 g	Haselnüsse
150 g	Walnüsse

Zutaten für den Teig:

1 TL	Kardamom (gemahlen)
2 EL	Zimt
1 TL	Nelken (gemahlen)
2 EL	Kakaopulver
1.5 EL	Piment
150 g	Rohrzucker
1 kg	Weizenmehl Type 405
2 Pck.	Backpulver
1 TL	Salz

Zubereitung:

- Äpfel schälen, entkernen und fein würfeln.
- Feigen und Aprikosen grob hacken und zusammen mit den Rosinen im Orangensaft einweichen.
- Nüsse hacken.
- Die Gewürze und trockenen Zutaten vermischen. Obst und die Nüsse zugeben.
- Alles mit den Händen auf der Arbeitsfläche verkneten.
- Masse ca. 2 Stunden stehen lassen.

- Backofen auf 200 °C Ober-/Unterhitze vorheizen.
- Aus der Masse 4 Laibe formen, auf ein mit Backpapier ausgelegtes Backblech legen und 60 Minuten backen.
- Früchtebrote auskühlen lassen, in Folie wickeln und mindestens 2 Tage liegen lassen, so entfaltet sich das Aroma am Besten.

Tipp:

- Dank der vielen Früchte und Nüsse hält sich das Früchtebrot einige Wochen.
- Nach ca. 2 Wochen hat es alle Aromen entfaltet und schmeckt am Besten.

KARTOFFELGERICHTE

Kartoffelgratin

Zutaten:

30 g +	Butter
1,2 kg	Kartoffeln
1 kleine	Knoblauchzehe
200 ml	Sahne
200 ml	Milch
	Salz / Pfeffer
	Muskatnuss

Zubereitung:

- Eine Auflaufform (ca. 20 x 25 cm) mit Butter einfetten.
- Kartoffeln schälen, waschen, mit einem Geschirrtuch trocken tupfen und in feine Scheiben hobeln.

- Kartoffelscheiben fächerförmig in die Auflaufform schichten.
- Nach jeder Lage mit etwas Salz bestreuen.
- Knoblauch schälen.
- Sahne und Milch mit frisch gemahlenem Pfeffer und frisch geriebener Muskatnuss würzen.
- Knoblauch durch eine Knoblauchpresse in die Sahne-Mischung pressen, alles gut verrühren und gleichmäßig über die Kartoffeln gießen.
- Butter in Flöckchen auf dem Kartoffelgratin verteilen.
- Das Kartoffelgratin im vorgeheizten Backofen (Ober-/Unterhitze: 170 °C/Umluft: 150 °C) ca. 60 Minuten goldbraun backen.

Tipp:
Dazu schmeckt ein grüner Salat.

* * *

Schupfnudeln mit Karotten und Champignon

Zutaten:

1 Pck.	Schupfnudeln
500 g	Möhren, junge
250 g	Champignons
2 EL	Kräuterbutter
300 ml	Brühe
4	Frühlingszwiebeln
2 EL	Creme fraiche
1-2 El	heller Soßenbinder
	Salz und Pfeffer

Zubereitung:

- Karotten schälen, waschen und schräg in Scheiben schneiden.
- Champignons evtl. waschen, putzen und halbieren.
- Karotten und Champignons in 1 EL erhitzter Kräuterbutter andünsten.
- Brühe angießen, aufkochen und Gemüse abgedeckt ca. 10 Min. garen.
- Frühlingszwiebeln putzen, waschen und in feine Ringe schneiden.
- Kartoffelnudeln in restlicher erhitzter Butter zubereiten.
- Gemüse mit Crème fraîche und Frühlingszwiebeln verfeinern, mit Saucenbinder andicken, dann mit Salz und Pfeffer abschmecken.
- Mit den Kartoffelnudeln auf Teller anrichten und servieren.

* * *

Schweizer Kartoffelauflauf

Zutaten:

500 g	Kartoffeln
250 g	geriebener Emmentaler
200 ml	Sahne
2	Eier
	Salz und Pfeffer
	Muskat

Zubereitung:

- Die rohen Kartoffeln grob in eine Schüssel reiben.

- Überschüssige Flüssigkeit abgießen.
- Die Eier mit der Sahne und den Gewürzen verquirlen.
- Mit den Kartoffeln und dem Käse mischen und alles in eine Auflaufform geben.
- Bei 200 °C Ober-/Unterhitze 1 Stunde backen.

* * *

Parmesan – Knoblauch – Kartoffelecken

Zutaten:

4 EL	Olivenöl
3	Kartoffeln
50 g	Parmesan
2 TL	Knoblauchgranut
2 TL	italienische Kräuter
je 1 TL	Salz und Pfeffer

Zubereitung:

- Die Kartoffeln in Spalten schneiden und in einer Schüssel mit Parmesan und Olivenöl vermischen.
- Die Gewürze in einer separaten Schüssel vermengen und dann zu den Kartoffeln geben.
- Noch einmal kräftig durchmischen.
- Die Kartoffelecken dann auf einem mit Backpapier ausgelegten Backblech verteilen.
- Im heißen Backofen bei 200 °C Ober-/Unterhitze für ca. 40 Minuten backen.

Tipp:

- Dazu schmeckt Sour Cream mit ein paar frischen Kräutern wirklich super.

Würziges Kartoffelcurry

Indisches Naanbrot

Zutaten:

600 g	Kartoffeln
2	Knoblauchzehen
2 kleine	Zwiebeln
1 Becher	Creme fraiche

Nach Geschmack:
Harissa, Currypulver, Korianderpulver, Kurkumapulver,

2 EL	Tomatenmark
2 EL	Sesamöl
1 kl.	Dose Kokosmilch, ca. 200 ml

Nach Geschmack:
Rosmarin, Salz und Pfeffer

Zubereitung:

- Kartoffeln gründlich waschen und mit der Schale kochen.
- Anschließend pellen und in Würfel schneiden.
- Zwiebeln und Knoblauch fein hacken.
- Butter in einer großen Pfanne erhitzen und darin die Zwiebel und den Knoblauch glasig dünsten.
- Creme fraiche hinzufügen und mit Kokosmilch ablöschen.
- Tomatenmark, Sesamöl und Rosmarin hinzufügen, kräftig mit den Gewürzen abschmecken und etwas einkochen lassen.
- Die Kartoffelwürfel hinzufügen, mit der Soße bedecken und heiß werden lassen.
- Mit frischer Petersilie bestreuen und servieren.

Dazu passt indisches Naanbrot sehr gut.

* * *

Kartoffelknödel mit Champingnon-Rahm-Soße

Zutaten für die Knödel:

600 g	Kartoffeln, mehlig kochend
30 g	flüssige Butter
½ TL	Salz
1	Ei
90 g	Kartoffelstärke

Zubereitung:

- Für die Kartoffelknödel Kartoffeln mit Schale in leicht gesalzenem Wasser weichkochen (je nach Größe 25-30 Minuten).
- Die Kartoffeln etwa 5 Minuten auskühlen lassen, dann schälen und durch eine Kartoffelpresse (Alternative: Kartoffelstampfer) drücken.
- Die Butter schmelzen und zusammen mit Salz und Muskat unter die Kartoffelmasse rühren.
- Das Ei und die Stärke hinzugeben und rasch zu einem glatten Teig verkneten.
- Einen Probeknödel formen (ca. 5 cm Durchmesser) und in siedendem, nicht kochendem Wasser garen, bis er an der Oberfläche schwimmt.
- Fällt der Knödel auseinander, braucht der Teig noch etwas mehr Kartoffelstärke.
- Aus dem restlichen Knödelteig mit feuchten Händen Kugeln mit ca. 5 cm Durchmesser formen und im siedenden Wasser ca. 10 Minuten gar ziehen lassen.
- Mit der Lochkelle herausnehmen, gut abtropfen lassen und servieren.

Tipp:

- Meine Schwiegermutter hat manchmal ½ TL Oregano unter gemischt.

Zutaten für die Champignon-Rahm-Soße

600 g	braune oder weiße Champignon
1	mittelgroße Zwiebel
½ Bund	glatte Petersilie
2 EL	Öl
	Salz, Pfeffer und Muskat
1 EL	Mehl
300 ml	Gemüsebrühe
200 ml	Schlagsahne

Zubereitung:

- Champignons putzen und in Scheiben schneiden.
- Die Zwiebel schälen und fein würfeln.
- Petersilie waschen, trocken schütteln und hacken.
- Öl in einer Pfanne erhitzen.
- Erst Champignons leicht anbraten, dann die Zwiebeln hinzugeben und kurz glasig mitschwitzen lassen.
- Mit Salz, Pfeffer und frisch gemahlener Muskatnuss würzen.
- Mit Mehl bestäuben und kurz anschwitzen.
- Brühe und Sahne unter Rühren zugießen, aufkochen und ca. 3 Minuten köcheln lassen.
- Mit Salz und Pfeffer abschmecken.
- Die eine Hälfte der Petersilie unterrühren, die andere vorm Servieren darüber streuen.

* * *

Kartoffeltortilla mit Knobi - Champignons

Zutaten:

400 g	Kartoffeln

250 g	Champignons
1	Zwiebel
1	Knoblauchzehe
4 Stiele	Petersilie
200 g	Kirschtomaten
3 EL	Öl
6	Eier
	Salz, Pfeffer

Zubereitung:

- Kartoffeln waschen und in Wasser ca. 20 Minuten kochen.
- Champignons putzen und vierteln.
- Zwiebel und Knoblauch schälen. Zwiebel fein würfeln, Knoblauch hacken.
- Petersilie waschen und hacken.
- Tomaten waschen und halbieren.
- Kartoffeln abgießen, mit kaltem Wasser kurz abschrecken und pellen.
- Kartoffeln in Würfel (ca. 2 cm) schneiden.
- EL Öl in einer beschichteten Pfanne (26 cm Ø) erhitzen.
- Zwiebel und Kartoffeln darin ca. 5 Minuten braten. Tomaten zugeben, ca. 2 Minuten mitdünsten.
- Eier verquirlen, mit Salz und Pfeffer würzen und über die Kartoffeln gießen.
- Ca. 1 Minute unter leichtem Rühren stocken lassen.
- Dann zugedeckt bei schwacher Hitze ca. 8 Minuten vollständig stocken lassen.
- 1 EL Öl in einer zweiten Pfanne erhitzen.
- Champignons darin ca. 8 Minuten goldbraun braten.

- Knoblauch zugeben und kurz mitbraten.
- Mit Salz und Pfeffer abschmecken.
- Petersilie unterrühren.
- Tortilla mit den Pilzen anrichten.

* * *

Ofenkartoffeln mit Balsamico

Zutaten für 4 Personen:

1kg Kartoffeln (geschält und geviertelt)
Olivenöl
150g Butter (
½ - 1 Knolle Knoblauch (geviertelt)
3-4 mittelgroße, rote Zwiebeln
250 ml Balsamico-Essig
1 Bund Rosmarin, davon die Nadeln hacken
Salz und Pfeffer

Zubereitung:

- In einer großen, flachen Form soll etwas Olivenöl erhitzt werden, dann kommen Butter, Rosmarin und Knoblauch hinzu.
- Die Form in den vorgeheizten Ofen (200° C) geben.
- Wenn sie heiß ist, erst Olivenöl, dann Butter, dann den Rosmarin und den Knoblauch zugegeben.
- Zum Schluss kommen die Kartoffeln und Zwiebeln dazu.
- Da die Form sehr heiß war, sollte alles sehr schnell mit einer Zange gewendet werden, sodass Kartoffeln und Zwiebeln schon mal gut mit der Butter umhüllt werden.
- Darauf dann der Balsamico und zum Schluss Salz und Pfeffer.
- Noch einmal gut vermischen.
- Nach 50 Minuten im 200 Grad heißen Ofen, sind die sehr leckeren Ofen-Kartoffeln und - Zwiebeln fertig.

* * *

Kunterbuntes Gemüse-Chili mit Süßkartoffeln

Zutaten:

800 g	gehackte Tomaten - Konserve
3 kl.	Dosen Bohnen - z.B. Kidneybohnen,
	Salz und Pfeffer
1 TL	Cumin / Kreuzkümmel
1 TL	scharfes Paprikapulver, geräuchert
1 TL	Zitronensaft

Chilisauce nach Belieben - Sambal Oelek oder Sriracha

8 EL Joghurt
2 EL Zitronensaft
2 EL Koriander, gehackt - alternativ Minze

Für das Topping:
8 EL Joghurt
2 EL Zitronensaft
2 EL Koriander, gehackt - alternativ Minze

Zubereitung

- Die Zwiebel und den Knoblauch fein hacken.
- Die Süßkartoffeln schälen und in mundgerechte Würfel schneiden.
- Die Paprika ebenfalls würfeln.
- Die Bohnen abschütten, abspülen und abtropfen lassen.
- Das Öl in einem großen Topf erhitzen und die Zwiebel darin glasig anschwitzen.
- Dann die Süßkartoffeln zugeben und anbraten, bis sie leicht Farbe bekommen haben.
- Den Knoblauch zugeben und kurz anschwitzen, bis er durftet.
- Dann mit 400 ml Wasser ablöschen und die restlichen Zutaten zugeben. Kräftig mit Salz, Pfeffer, Cumin, Paprika, Zitronensaft und Chilisauce würzen. 15 Minuten köcheln lassen.
- Dabei gelegentlich umrühren.
- Den Sojajoghurt mit Zitronensaft und Koriander (oder Minze) verrühren.
- Das Chili nochmals mit Salz und Chilisauce abschmecken, auf vier Schälchen verteilen und etwas Joghurt darauf geben.

Tipps
Geräuchertes Paprikapulver bekommst du in gut sortierten Supermärkten oder online.

* * *

Restepfanne mit rohen Kartoffeln und Gemüseresten

Zutaten:

4 große	Kartoffel(n), geschält, in kleinen Würfeln, ca. 1 cm
2	Zwiebel(n), gewürfelt
1 Zehe/n	Knoblauch, feinblättrig geschnitten oder gewürfelt
	Salz und Pfeffer, frisch gemahlen
	Kräuter der Provence
1 Msp.	Kümmel, nach Geschmack
3 EL	Öl
1/2 Tasse	Wasser
n. B.	Gemüse,roh, gewürfelt, keine Tomaten
1 EL	Parmesan, frisch gerieben, nach Belieben

Zubereitung:

- Pfanne erhitzen, Öl in die Pfanne geben, und wenn es heiß ist, die Kartoffeln dazugeben.
- Das Wasser angießen und schmoren lassen.
- In ein paar Minuten ist das Wasser weg und die Kartoffeln halb gar.
- Die Zwiebeln und kurz danach den Knoblauch und nach 2 bis 3 Min das Gemüse dazugeben.

- Dabei harte Gemüsesorten zuerst, und alles unter Rühren anbraten.
- Wenn die ersten Kartoffeln bräunlich werden, alle anderen Zutaten mit in die Pfanne geben und ohne Rühren anbraten lassen.
- Mit einem Pfannenwender Stück für Stück wenden, so dass möglichst große, zusammenhängende Stücke ganz lassen.
- Diese haben dann eine schöne, braune Kruste. - Noch mal abschmecken und am besten heiß in der Pfanne servieren.

Tipp:
- Man kann auch Parmesan oder Emmentaler darüber geben.
- Schmeckt lecker mit einem frischen Salat und der Kühlschrank ist nachher wieder leer.
- Wenn etwas übrig bleibt, schmeckt es mit einem Ei drüber als Bauernfrühstück am nächsten Tag auch noch sehr lecker.

* * *

Eintopf mit Süßkartoffeln

Zutaten für 4-6 Portionen:

2 EL	Olivenöl
1	große (rote) Zwiebel
1	kleine Knoblauchzehe
3 EL	Tomatenmark
270	Gramm Kidneybohnen , Abtropfgewicht von gekochten Bohnen
200 g	schwarze Bohnen

Notfalls können auch rote Kidneybohnen verwendet werden.

1	Paprika, oder ½ rote und ½ gelbe Paprika
350 g	Süßkartoffeln
100 g	Zucchini
100	Zuckererbsenschoten, oder klassische grüne Bohnen
120 g	braune Champignons
2 Dosen	Schältomaten à 240 Gramm, inkl. Saft
200-250 ml	Gemüsebrühe
½ Bund	Petersilie
1	kleine scharfe Chilischote, je nach Geschmack

1 EL	Paprikapulver süß
1 gestr. TL	Kreuzkümmel
	Meersalz
	Grob gemahlene Chiliflocken
1 EL	Agavendicksaft
1 Prise	Zimt
1 TL	Kräuter der Provence
1 TL	Liquid Smoke | veganes Würzmittel mit "Rauchgeschmack"
	Sojajoghurt nach Belieben oder durch Kokosjoghurt ersetzen
2-3 EL	frischer Zitronensaft
1 reife	Avocado

Tipp:

- Die Zusammenstellung des Gemüses für dieses Chili kann nach Belieben variiert werden.
- Auch Auberginen, Karotten und Brokkoli passen prima in dieses Chili.
- Ich finde es nur optisch wichtig, dass dieser Eintopf schön bunt wird.
- Daher achte ich darauf viele helle Farben, etwa in Form von grünen Bohnen und bunter Paprika in das Chili zu geben.
- Denn das Auge isst natürlich mit!

Zubereitung

- Zwiebel und Knoblauchzehe abziehen und fein aufschneiden.
- Bohnen entweder vorkochen oder aus der Dose in ein Sieb geben und gut mit klarem Wasser abspülen.
- Zuckererbsenschoten (oder grüne Bohnen)

waschen, die Spitzen kappen und die Bohnen halbieren.

- Die Champignons mit einem Küchenkrepp putzen und in grobe Würfel (nicht feine Scheiben!) schneiden.
- Süßkartoffel, Zucchini und Paprika gut waschen und in Stücke schneiden, die nur wenig größer als Kidneybohnen sind.
- Die Chilischote in feine Röllchen schneiden.
- 250 ml Gemüsebrühe bereit stellen.
- 1-2 EL Olivenöl in einem großen Topf erhitzen.
- Die Zwiebel- und Knoblauchwürfel darin anschwitzen.
- Die Süßkartoffelstücke dazu geben, umrühren und anbraten lassen.
- Süßes Paprikapulver und Kreuzkümmel dazu geben und 2 Minuten mit anrösten.
- Das Ganze mit Agavendicksaft und Tomatenmark karamellisieren lassen.
- Mit dem Saft der Schältomaten ablöschen.
- Die Schältomaten selbst mit einem Messer grob hacken und in das Chili geben.
- 200 ml Gemüsebrühe aufgießen, eine Prise Salz und eine etwas grobe Chilifocken hinzu fügen.
- Umrühren, die Hitze etwas reduzieren, den Topfdeckel schräg aufsetzen und das Chili fünf Minuten köcheln lassen.
- Ab und zu umrühren.
- Nach etwa fünf Minuten Kochzeit die Paprikawürfel, Zucchinistücke und Zuckererbsenschoten untermengen und das Chili weiter köcheln lassen.

- Nach weiteren 10 Minuten die Pilze sowie die Kidneybohnen und schwarzen Bohnen untermengen. Eventuell etwas Brühe nachgießen.
- Das Chili nochmals 5 Minuten köcheln lassen.
- Dann das Gericht mit einer Prise Zimt, Kräutern der Provence sowie Chili, etwas Liquid Smoke und Salz abschmecken.
- Den Herd schalte ich dann nach fünf weiteren Minuten aus und lasse alle Zutaten bei geschlossenem Deckel noch etwas ziehen.

- Frische Petersilie waschen, trocken schütteln und klein hacken.
- Gehackte Petersilie in das Chili mischen.
- Süßkartoffel-Gemüse-Chili auf vertiefte Teller verteilen.
- Etwas Sojajoghurt mit ein bis zwei EL Zitronensaft verrühren und auf das Chili geben.
- Chili mit einigen Stücken frischer Avocado, fein aufgeschnittener Paprika, Petersilie und Chiliröllchen garniert servieren.

Das Chili lässt sich zwei bis drei Tage wunderbar im Kühlschrank aufbewahren.
Es ist ideal zum Mitnehmen auf Arbeit bzw. ins Büro oder zum Einfrieren.

* * *

Kürbis-Rösti mit Kräuterquark

Zutaten:

3-4 große Kartoffeln

300 g Kürbis (z. B. Hokkaido)
2 Eier
Salz und Pfeffer
geriebene Muskatnuss
2 EL Öl
3 EL gemischte Kräuter (z. B. Petersilie, Sauerampfer, Schnittlauch)
250 g Speisequark
4-5 EL Milch
½ Bio-Limette

Zubereitung:

- Kartoffeln und Kürbis schälen und grob raspeln.
- Eier mit Salz, Pfeffer und Muskatnuss verrühren, Raspel unterrühren.
- Öl in zwei beschichteten Pfannen erhitzen und darin zwei große Rösti von beiden Seiten goldbraun braten.
- Kräuter waschen, trocken schütteln und fein hacken, mit Quark und Milch verrühren.
- Limette heiß abwaschen und abtrocknen, Schale abreiben und Saft auspressen, beides unter den Quark rühren.
- Mit Salz und Pfeffer abschmecken und mit den Rösti anrichten.

* * *

Kartoffeln in cremiger Knoblauchsoße

Zutaten für 2 Personen:

400 g kleine Kartoffeln
6 Knoblauchzehen

1 Zwiebel
3 EL Olivenöl
400 ml Kochsahne
150 ml Wasser

Zubereitung:

- Die Kartoffeln waschen und in ausreichend Salzwasser für ca. 20 Minuten weichkochen.
- Daraufhin abschütten und mit kaltem Wasser abschrecken.
- Den Knoblauch und die Zwiebel schälen und in feine Würfel schneiden.
- In einer Pfanne das Olivenöl erhitzen und die Zwiebel und den Knoblauch für ca. 3 Minuten bei mittlerer Hitze braten.
- Die Kartoffeln hinzugeben und weitere 4 Minuten braten.
- Abschließend mit dem Klassischen Bratkartoffel Gewürzmix würzen, die Sahne und das Wasser dazugeben und bei mittlerer Hitze für 15 Minuten einköcheln lassen.
- Abschmecken und servieren.

* * *

Dönerteller mit Süßkartoffel – Fritten

Zutaten:

500 g Süßkartoffeln
10-11 EL Olivenöl
Salz, Edelsüßpaprika, Chiliflocken, Pfeffer, Räucherpaprika
3 rote Zwiebeln

500 g	Austernpilze
4 EL	Limettensaft
2	Avocados
2	Mini-Salatgurken
250 g	Soja-Skyr (z. B. von Alpro)
1 TL	Tomatenmark

Zubereitung:

- Kartoffeln schälen und in Stifte schneiden.
- Mit 2–3 EL Öl, je 1 TL Salz und Edelsüßpaprika auf einem mit Backpapier ausgelegten Blech mischen.
- Im heißen Ofen (E-Herd: 220 °C/Umluft: 200 °C) ca. 30 Minuten backen.
- Inzwischen Knoblauch schälen, hacken.
- Zwiebeln schälen und in feine Streifen schneiden.
- Pilze putzen, in Streifen zerrupfen und mit je 2/3 Zwiebeln und Knoblauch mischen.
- 1 TL Chili, 1/2 TL Salz, 2 TL Edelsüßpaprika und 4

EL Öl verrühren, Pilzmix damit auf einem zweiten mit Backpapier ausgelegten Blech mischen und im heißen Ofen ca. 15 Minuten mit backen.
- Inzwischen Rest Zwiebelstreifen mit 3 EL Limettensaft mischen.
- Avocados halbieren, entkernen und das Fruchtfleisch in Scheiben schneiden.
- Gurken waschen und längs in Stücke schneiden.
- Für den Dip Skyr, Rest Knoblauch und 1 EL Limettensaft verrühren.
- Mit Salz und Pfeffer abschmecken.
- Für die BBQ-Soße Agavendicksaft, 1 EL Räucher-paprika, Tomatenmark und 4 EL Öl verrühren.
- Pilze aus dem Ofen nehmen und auf den Blechen mit der BBQ-Soße mischen.
- Dann nacheinander unter dem heißen Ofengrill auf der obersten Schiene 2–5 Minuten leicht knusprig grillen.
- Fritten, Pilze, Gurken, Avocados und Zwiebeln anrichten.
- Dip dazu reichen und servieren.

Informationen zu Skyr:
- Skyr ist ein traditionelles isländisches Milchprodukt aus Kuh- oder Schafmilch.
- In Deutschland wird Skyr lebensmittelrechtlich als Frischkäse der Magerstufe deklariert.

Quelle: Wikipedia
- Soja Skyr wird statt dessen aus Soja hergestellt.

* * *

Fenchel-Kartoffel-Taler

Zutaten:

400 g	Kartoffeln, vorwiegend festkochend
1 TL	Fenchel ganz
1	Ei
1 Prise	Fleur de Sel
1 EL	Öl zum Braten

Zubereitung:

- Die Kartoffeln mit der Küchenreibe in eine Schüssel grob raspeln.
- Den Fenchel etwas klein hacken und zu den Kartoffeln geben.
- Nun das Ei zufügen, alles vermischen und mit Fleur de Sel salzen.
- Eine Pfanne erhitzen und reichlich Speiseöl zugeben.
- Nun die Kartoffelmasse esslöffelweise in die Pfanne geben und diese von beiden Seiten bei mittlerer Hitze knusprig-braun braten.
- Vor dem Servieren die Kartoffeltaler auf einem Küchenpapier abtropfen lassen.

* * *

Die etwas anderen Rahmkartoffeln

Zutaten für 1 Person:

4	gekochte Kartoffeln
4 gr.	Knoblauchzehen
1 gr.	Zwiebel
1	Becher Sahne

1-2 EL fein geschnittene Petersilie
Salz, Pfeffer und Paprika
n.B. etwas Chilli
3-4 EL Olivenöl

Zubereitung:

- Öl in der Pfanne erwärmen, nicht zu heiß werden lassen.
- Kartoffeln in Scheiben schneiden und dazu geben.
- Nun die Knoblauchzehen zerdrücken, schälen und nicht zu fein schneiden.
- Zwiebeln abziehen und in etwa Fingernagel große Stücke schneiden.
- Haben die Kartoffeln Farbe angenommen, kann man zu viel Öl in eine Tasse abgießen.
- Nun den Knoblauch und die Zwiebeln dazu geben und glasig dünsten.
- Dann würzen und die Sahne dazu geben.
- Etwas einkochen lassen, Petersilie darüber streuen und genießen.

* * *

ESSKASTANIEN

Esskastanien – ich liebe sie!

Mein Urgroßvater pflanzte um 1910 einen Esskastanien-Baum in seinen Hof.
Dieser Baum war mein Freund. Als Baby lag ich in seinem Schatten, bewacht von unserem Hund.
Später kochten meine Freundin und ich aus den herabgefallen langen Blüten Suppen und anderes für unsere Puppen.
Im Herbst als die ersten „ Igel „ vom Baum fielen, wurde gleich geschaut, ob die Kastanien auch schon groß sind.
Das war nicht immer der Fall, aber wenn sie dick waren, wurden sie zubereitet.
Das war dann die Zeit, in der meine Eltern und ich in den Schwarzwald fuhren um dort Kastanien zu sammeln.
Später fuhr ich mit meinem Mann und den Kindern.

Leider mussten der Baum 1984 gefällt werden. Er war von innen so ausgehöhlt, dass bereits dicke Äste abbrachen. Oh das war ein trauriger Tag für mich.
Eines Tages werde ich mir einen Esskastanienbaum pflanzen.

* * *

Wie lange muss man Maroni wässern?

Haben wir die Maroni eingeritzt, hilft es, sie **eine Stunde** in kaltem Wasser einzuweichen. Das sorgt dafür, dass sich die Samenhaut unter der Schale später leichter löst.
Wir können Maroni vor dem Schälen im Ofen anrösten oder in Wasser kochen.

Wie gesund ist die Esskastanien?

Im botanischen Sinne gehören Maronen zu den Nussfrüchten. Sie beinhalten jedoch weniger Kalorien und Fett als andere Nussarten.
Beachtlich ist der hohe Gehalt an **Kalium**, welcher bei der Aufrechterhaltung eines gesunden Blutdrucks und bei der Übertragung von Muskel- und Nervenreizen eine große Rolle spielt.

Sind Maronen gut für den Darm?

Die Esskastanie ist ein ideales Mittel gegen Verdauungsbeschwerden. Sie bringt den Darm auf Trab und hilft bei Magenbeschwerden.
Gerade nach einer Magen-Darm-Grippe kann sie helfen, den Verdauungsapparat zu stärken.
Geröstete Maroni gehören zum Gesündesten, was man auf dem Weihnachtsmarkt essen kann.

Sind Maroni gut für die Leber?

Die Maroni besitzt je nach Anwendung unterschiedliche Heilwirkungen und **stärkt sowohl das Herz, die Leber**, die Milz als auch unser Gehirn. Auch das Holz und die Blätter können für Heilzwecke verwendet werden.

Senken Kastanien den Cholesterinspiegel?

Verdauungsgesundheit – Kastanien **senken den Cholesterinspiegel** und stabilisieren den Blutzuckerspiegel. Sie verringern auch das Risiko von Verstopfung und Darmkomplikationen wie Divertikulose.

Kann man Kastanien haltbar machen?

Kastanien zum Kochen: Die Kastanien wie oben beschrieben einschneiden und blanchieren. Nach dem Blanchieren möglichst heiß schälen und die Häutchen vollständig entfernen.
Auskühlen lassen und dann im Gefrierbeutel tiefgefrieren.
Die Kastanien sind so etwa ein Jahr haltbar.

* * *

Maronen richtig zubereiten: Im Backofen rösten

Besonders lecker schmecken Maronen aus dem Backofen.
Denn hier behalten sie ihren **typischen Geschmack**.
Geröstete Maronen aus dem Backofen eignen sich besonders gut zum Naschen.

So bereitest du Maronen im Ofen zu:
Schneide mit einer Schere den spitzen Pinsel der Maronen ab.
Schlitze mit einem scharfen Messer ein Kreuz in die Schale der Maronen. Das ist wichtig, damit die Maronen durch die Hitze nicht aufplatzen.
Je nach Größe der Esskastanie sollte der **Kreuzschnitt** etwa anderthalb Zentimeter lang sein.
Ob du das Kreuz auf der flachen Seite oder am unteren Ende machst, spielt keine Rolle.

Wichtig ist nur, dass die Schale auch wirklich durchtrennt ist und der Schnitt groß genug ist.
Es macht überhaupt nichts, wenn du das Fruchtfleisch dabei einschneidest.
Stelle neben die Maronen eine Schale mit Leitungswasser, damit die Maronen beim Rösten nicht austrocknen.

Nun kannst du die Maronen bei 175 Grad Umluft in den Backofen geben.
Du musst den Backofen nicht vorheizen.
Heizt dein Backofen nur langsam auf 175Grad hoch, können die Maronen bis zu **30 Minuten** im Ofen benötigen.
Schaue jedoch nach etwa **20 Minuten**, ob die Maronen bereits fertig sind. Das erkennst du daran, dass sich die Einkerbungen deutlich geöffnet haben und die Schale etwas dunkler ist (siehe Bild).
Nimm sie aus dem Ofen.
Jetzt solltest du sofort die **Maronen schälen**.
Vorsicht, heiß!

Abkühlen solltest du sie vorher dennoch nicht lassen, weil sie dann um einiges schwerer zu schälen sind. Benutze am besten Ofenhandschuhe.

Quelle:
im Internet, ohne Homepagelink

* * *

Kastaniensuppe

Zutaten:

8	Schalotten
2-3	Knoblauchzehen
40 g	Butter
400 g	Maronen
200 ml	Portwein (oder Weißwein)
1 ¼ l	Geflügelfond
400 g	Schlagsahne
½	Bund Schnittlauch
	Salz, Pfeffer

Zubereitung:

- Schalotten und Knoblauch schälen.
- Schalotten fein würfeln, Knoblauch hacken.
- Fett in einem Topf erhitzen, Schalotten und Knoblauch darin anschwitzen.
- Maronen zufügen, leicht anrösten, mit Portwein ablöschen.
- Fond und 300 g Sahne angießen, aufkochen.
- Zugedeckt bei mittlerer Hitze ca. 5 Minuten köcheln lassen.

- Schnittlauch waschen, trocken schütteln und grob schneiden.
- 100 g Sahne halbsteif schlagen und kalt stellen.
- Suppe fein pürieren, mit Salz und Pfeffer abschmecken.
- In tiefen Tellern anrichten, Sahne darauf verteilen und mit Schnittlauch bestreuen.

Tipp:
Wer die Maronensuppen ohne Alkohol zubereiten und den Wein ersetzen möchte, kann alternativ Gemüsebrühe verwenden.
In diesem Fall dann mit etwas hellem Balsamico abschmecken für mehr Würze.

* * *

Chicoree-Salat mit Karamell-Maronen

Zutaten:

100 g	gegarte Maronen (vakuumiert), oder selbst gekochte
1 EL	Butter
2 TL	flüssigen Honig
250 g	Brokkoli
150 g	Knollensellerie
	Salz und Pfeffer
2	Chicorée
100 g	Blauschimmelkäse
4 Stiele	Petersilie
2 EL	Zitronensaft

2 EL Apfelessig
2 EL Öl (z. B. Walnussöl)

Zubereitung:

- Kastanien warm abbrausen und trocken tupfen.
- Selbst gekochte Kastanien brauchen nicht gewaschen zu werden.
- Butter in einer Pfanne erhitzen.
- Kastanien darin ca. 3 Minuten andünsten.
- 1 EL Honig zufügen und leicht karamellisieren.
- Kastanien abkühlen lassen und anschließend grob hacken.
- Brokkoli waschen und in kleinen Röschen vom Strunk schneiden.
- Sellerie schälen, waschen und in feine Scheiben hobeln.
- Brokkoli in kochendem Salzwasser ca. 6 Minuten garen.
- Sellerie nach ca. 3 Minuten mitgaren.

- Gemüse abgießen, abschrecken und abtropfen lassen.
- Chicorée waschen und in die einzelnen Blätter zerteilen.
- Käse in kleine Würfel schneiden.
- Für das Dressing Petersilie waschen und hacken.
- Mit Zitronensaft, Essig, 1 EL Honig, Salz und Pfeffer verrühren.

- Öl im dünnen Strahl unterschlagen.
- Chicorée mit Sellerie und Brokkoli anrichten.
- Kastanien und Käse darauf verteilen.
- Mit dem Dressing beträufeln.

Quellen:
www.lecker.de

* * *

Tortellini mit Kürbis und Maronen

Zutaten für 4 Personen:

800 g	frische Tortellini mit Kräuter-Frischkäsefüllung
600 g	Hokkaidokürbis
1	gelbe Zwiebel
100 g	Babyspinat
10 g	frischer Thymian
4 EL	ganze Haselnusskerne
2 EL	Öl
200 g	Maronen, gegart und geschält
1 Prise	schwarzer Pfeffer

Zubereitung:

- In einem Topf ca. 4 l Salzwasser zum Kochen bringen.
- Tortellini im siedenden Salzwasser ca. 3 Min. garen, bis sie an der Oberfläche schwimmen.
- Anschließend in ein Sieb abgießen, dabei ca. 200 ml Kochwasser auffangen.
- Kürbis waschen, halbieren, Kerngehäuse entfernen und in 1 cm große Würfel schneiden.
- Zwiebel halbieren, schälen und fein würfeln. - Spinat waschen und abtropfen lassen.
- Thymian waschen, trocken schütteln, Blättchen von den Stielen streifen und fein hacken.
- In einer Pfanne Haselnüsse auf mittlerer Stufe fettfrei ca. 2–3 Min. rösten.
- Haselnüsse kurz abkühlen lassen und grob hacken.
- In der Pfanne erneut 2 EL Öl erhitzen und Zwiebel darin ca. 2 Min. anbraten.
- Kürbis, Maronen und Thymian zugeben und ca. 4–5 Min. mit anbraten.
- Anschließend gekochte Tortellini, 100 ml Kochwasser und Spinat zugeben und unter Schwenken ca. 1–2 Min. weiterbraten.
- Tortellini mit Kürbis und Maronen mit Salz und Pfeffer abschmecken.
- Nach Belieben noch mehr Kochwasser zugeben, um eine cremigere Konsistenz zu bekommen.
- Auf Tellern anrichten und mit Haselnüssen bestreut servieren.

Pasta mit Maronensoße und Pilzen

Zutaten:

2 Schalotten
1 Knoblauchzehe
350 g braune Champignons
400 g gekochte und geschälte Maronen
20 g Petersilie
1 Prise Salz
500 g Bandnudeln
2 EL Öl
400 g Frischkäse Natur
1 Prise schwarzer Pfeffer

Zubereitung:

- Schalotten halbieren, schälen und in feine Streifen schneiden.
- Knoblauch schälen und fein hacken.
- Pilze vierteln, Maronen grob hacken.
- Petersilie waschen, trocken schütteln, Blätter von den Stielen zupfen und grob hacken.
- In einem Topf etwa 5 l Salzwasser aufkochen. - Bandnudeln im siedenden Salzwasser ca. 9 Min. bissfest garen.
- In ein Sieb abgießen, dabei etwa 1 Tasse Kochwasser auffangen.
- In der Pfanne 2 EL Öl auf hoher Stufe erhitzen. - Schalotten mit Pilzen darin ca. 5 Min. anbraten. - Maronen zugeben und durchschwenken.
- Mit 200 ml Kochwasser ablöschen und kurz aufkochen lassen.
- Pfanne vom Herd ziehen und Frischkäse einrühren.

- Soße mit Salz und Pfeffer würzen.
- Bandnudeln und Petersilie zugeben und vermengen.
- Bandnudeln mit Maronensoße auf Tellern anrichten.

* * *

Vegane Maronen-Rosenkohl-Pasta

Zutaten:

1 Knoblauchzehe
1 gelbe Zwiebel
300 g frischen Rosenkohl
150 g gekochte und geschälte Maronen
10 g Thymian, frisch
1 Prise Salz
500 g Nudeln, z.B. Penne Rigate
2 EL Öl
1 EL Weizenmehl, Tpye 405

50 ml lieblichen Weißwein
150 ml Haferdrink
1 Prise schwarzer Pfeffer

Zubereitung:
- Knoblauch schälen und fein hacken.
- Zwiebel halbieren, schälen und klein würfeln. - Rosenkohl waschen, unschöne Blätter entfernen und je nach Größe halbieren oder vierteln. - Maronen halbieren, Thymian waschen, trocken schütteln, Blätter von den Stielen streifen.
- In einem Topf etwa 5 l Salzwasser aufkochen.
- Penne Rigate im siedenden Salzwasser ca. 9 Min. al dente garen.
- Währenddessen in einer Pfanne Öl auf mittlerer Stufe erhitzen und Zwiebel darin ca. 2 Min. anbraten.
- Knoblauch zugeben und ca. 1 Min. weiterbraten. - Rosenkohl und Maronen darin ca. 4 Min. scharf anbraten.
- Danach mit Mehl bestäuben und ca. 1 Min. mitbraten.
- Mit Weißwein ablöschen, Haferdrink und Thymian zugeben und aufkochen.
- Mit Salz und Pfeffer abschmecken und auf niedriger Stufe ca. 10 Min. köcheln lassen.
- Penne Rigate in ein Sieb abgießen, zur Rosenkohlsauce in die Pfanne geben und vermengen.
- Vegane Maronen-Rosenkohl-Pasta in tiefen Teller anrichten und servieren.

* * *

Maronenbratlinge

Zutaten:

500 g	mehligkochende Kartoffeln
1 Prise	Salz
1	gelbe Zwiebel
1	Knoblauchzehe
20 g	Petersilie
5 EL	Öl
300 g	gekochte und geschälte Maronen
40 ml	Mandeldrink
½ TL	Thymian
1 EL	Speisestärke
1 Prise	schwarzer Pfeffer
5 EL	Paniermehl

Zubereitung:

- Kartoffeln schälen, klein würfeln und in einem Topf mit Salzwasser bedeckt ca. 15 Min. weich garen. - Kartoffeln abgießen und kurz ausdampfen lassen.
- Inzwischen Zwiebel halbieren, schälen und fein würfeln.
- Knoblauch schälen und fein hacken.
- Petersilie waschen, trocken schütteln, Blätter abzupfen und fein hacken.
- In einer Pfanne 2 EL Öl auf mittlerer Stufe erhitzen und Zwiebeln mit Knoblauch ca. 4 Min. anbraten.
- In einer Schüssel gekochte Kartoffeln, Maronen und Mandeldrink grob zerstampfen.
- Gebratene Zwiebeln, Thymian, Speisestärke und Petersilie unterheben und Masse mit Salz und Pfeffer würzen.
- Paniermehl auf einen Teller geben.

- Maronenmasse in 8 gleich große Portionen teilen, zu Bratlingen formen und im Paniermehl wenden.
- In einer Pfanne 3 EL Öl erhitzen und Bratlinge von beiden Seiten ca. 5 Min. knusprig anbraten.

* * *

Glutenfreier Maronenkuchen

Zutaten:

200 g	gekochte und geschälte Maronen
100 ml	Wasser
4	Eier
1 Prise	Salz
150 g	Butter
130 g	Zucker
80 g	gemahlene Mandeln
2 EL	Kakaopulver
2 TL	Backpulver
2 EL	Puderzucker

Zubereitung:

- Backofen auf 180 °C (Ober-/Unterhitze) vorheizen.
- Eine Kastenform mit Backpapier auslegen.
- In einem hohen Gefäß 200 g Maronen mit 100 ml Wasser aufgießen.
- Mithilfe eines Pürierstabs zu einem feinen Püree zerkleinern.
- Die Eier trennen, und n einer Schüssel Eiweiß und 1 Prise Salz mit einem Handrührgerät mit Schneebesen steif schlagen.
- In einer weiteren Schüssel weiche Butter mit dem Zucker mit dem Handrührgerät cremig rühren.

- Eigelb nacheinander dazugeben und gut unterrühren.
- Maronenpüree dazugeben und unterrühren.
- Die gemahlene Mandeln, den Kakao und das Backpulver mischen und unterheben.
- Zuletzt Eischnee vorsichtig unterheben.
- Masse in die vorbereite Form geben und glatt streichen.
- Maronenkuchen im vorgeheizten Backofen für ca. 55 Min. backen.
- Anschließend vorsichtig aus dem Ofen nehmen und mit Puderzucker bestäubt servieren.

* * *

Kastaniengemüse

Zutaten:

1 kg	Esskastainien
40 g	Butter
1 TL	Zucker
20 g	Mehl
125 ml	Gemüsebrühe
etwas	Salz und Pfeffer
125 ml	Sahne oder Creme fine zum Kochen

Zubereitung:
- Die Kastanien kreuzweise einschneiden und in kochendem Wasser ca. 20 min. kochen.
- Abgießen und mit kaltem Wasser abschrecken und schälen.
- Die Butter in einem Topf zerlassen und den Zucker darin karamellisieren lassen.

- Das Mehl dazugeben und eine Mehlschwitze herstellen.
- Dann die Gemüsebrühe aufkochen und die Zuckermasse unter Rühren hineingeben und die Kastanien dazu fügen.
- Alles bei kleiner Flamme einige Minuten köcheln lassen.
- Alles mit Salz und Pfeffer abschmecken und mit der Sahne verfeinern.
- Die Masse könnte man auch nehmen um eine Gans damit zu füllen.
- Sie passt aber auch als Beilage zu Wild.
- Der Pfälzer allerdings isst das Gemüse zu einem panierten Kotelett und Bayrisch Kraut!!

Tipp:

- Da werde ich mir lieber Kartoffelstampf dazu machen.

* * *

Maronen – Birnen – Torte

Zutaten:

150 g	Butter
100 g	Zucker
4	Eier
450 g	Maronenpüree
2 EL	Honiglikör
100 g	Mehl
½ P	Backpulver
1 Prise	Salz
600 g	Birnen

Zubereitung:
- Die Eier trennen und das Eiweiß mit der Prise Salz steif schlagen.
- Butter und Zucker schaumig rühren und die Eigelbe unterrühren.
- Maronenpüree und Honiglikör einrühren.
- Mehl und Backpulver vermischen und einrühren.
- Die Eiweiße unterheben.
- Den Teig in eine gefettete (mit Semmelbrösel ausgestreute) 26er Springform füllen und glattstreichen.
- Die Birnen schälen, vierteln und das Kerngehäuse entfernen.
- Die Birnenviertel in Schnitze schneiden und diese auf den Teig legen.
- Im vorgeheizten Backofen bei 160°C etwa 45 Minuten backen.
- Den Kuchen in der Form etwas auskühlen lassen,
- dann aus der Form lösen.
- Auf einem Kuchengitter ganz auskühlen lassen, und nach Belieben dekorieren

* * *

Quellen:
https://www.daskochrezept.de/rezepte/kastanienbrot-einfach-selber-backen-mit-dinkel

https://www.chefkoch.de/rs/s0/kastanienbrot/Rezepte.html

KUCHEN, GEBÄCK UND PFANNKUCHEN

Karottenkuchen

Zutaten:

400 g	Mehl
300 g	Zucker
2 Pck.	Vanillezucker
2 TL	Natron
2 TL	Backpulver
1 TL	Zimt
	Salz
200 g	Möhren
400 g	Sojajoghurt (Natur)
200 ml	neutrales Öl (z. B. Maiskeimöl)
250 g	Puderzucker
3 EL	Zitronensaft

Zubereitung:

- Eine Springform (26 cm Ø) mit Rohrbodeneinsatz gut fetten.
- Backofen vorheizen (E-Herd: 175 °C/Umluft: 150 °C/Gas: s. Hersteller).
- Mehl, Zucker, Vanillezucker, Natron, Backpulver, Zimt und 1⁄2 TL Salz mischen.
- Möhren schälen, waschen und fein raspeln (Tipp: je feiner, desto saftiger der Kuchen).
- Die Möhren erst mit Joghurt und Öl verrühren, dann mit den Schneebesen des Rührgerätes unter die Mehlmischung rühren.
- Teig in der Form glatt streichen.
- Im heißen Ofen ca. 40 Minuten backen.
- Herausnehmen, ca. 45 Minuten abkühlen lassen.
- Kuchen vorsichtig aus der Form stürzen, auskühlen lassen.
- Puderzucker und Zitronensaft zum glatten Guss verrühren.
- Über den Kuchen träufeln und trocknen lassen.

* * *

Cantuccini

Zutaten:

300 g	Mehl
60 g	Butter
215 g	Zucker
2	Eier
6 g	Backpulver
1 Prise	Salz
125 g	ganze Mandeln

Zubereitung:

- Mandeln, Mehl, Eier und Backpulver gut vermischen.
- Nun die flüssige Butter, Salz und den Zucker zugeben.
- Alles gut vermischen und eine dicke Rolle daraus formen.
- Die in 4-5 gleich große Stücke teilen und wiederum zu Rollen formen.
- Nun im vorgeheizten Backofen ca. 30 Minuten bei 180 Grad backen.
- Dann die Rollen in 1,5 cm dicke Stücke schneiden und nochmals auf einem mit
- Backpapier belegten Backblech für ca. 10 Minuten bei 180 Grad backen.

* * *

Ofenpfannkuchen mit Himbeeren

Zutaten:

4	Eier
1 Prise	Salz
1 EL	Zucker
300 ml	Milch
160 g	Mehl
5 EL	Öl
200 g	Himbeeren, tiefgekühlt, aufgetaut
2 Pck	Vanillezucker
200 g	Schmand
2 EL	Puderzucker

Zubereitung:

- Den Backofen mit einem Backblech auf der mittleren Schiene auf 220 Grad (Umluft 200 Grad) vorheizen.
- Milch und Eier verquirlen.
- Mehl und Salz in einer Schüssel mischen.
- Eiermilch mit einem Schneebesen nach und nach einrühren, bis ein glatter Teig entsteht.
- 10 Min. quellen lassen.
- Das heiße Blech gleichmäßig mit dem Öl beträufeln und weitere 2 Min. im Ofen erhitzen.
- Dann herausnehmen und den Teig zügig auf dem Blech verteilen, sofort wieder in den Ofen auf die mittlere Schiene geben.
- In 15-20 Min. goldgelb backen.
- Inzwischen die Himbeeren mit Vanillezucker mischen und mit einer Gabel leicht zerdrücken.
- Schmand mit Zucker verrühren.
- Pfannkuchen aus dem Ofen nehmen und etwas abkühlen lassen.
- Mit Puderzucker bestreuen und mit Schmand und Himbeeren servieren.

Tipp:

- Sehr lecker schmeckt der Kuchen auch mit Preiselbeermarmelade.

* * *

Kürbiskuchen

Zutaten für eine Springform mit 25 cm Durchmesser:

250 g Mehl
100 g Zucker
1 kräftige Prise Salz
125 g Butter
1 Ei

Für die Füllung:

1 Butternuss-Kürbis (zirka 350 g)
1 Beutel Vanillecrème-Pulver (60 g)
2 dl Vollrahm / Sahne
150 g Rohrohrzucker
3 Eier
1 gestr. TL Zimtpulver,
2 Prisen Nelkenpulver
je ½ TL Kardamom- und Ingwerpulver
oder anstelle der oben gen. Gewürze 2 TL Lebkuchengewürz

Zubereitung Teig:

- Mehl, Zucker und Salz in eine Schüssel geben.
- Eine Mulde formen, die Butter und das Ei hineingeben.
- Alles zu einer glatten Teigkugel kneten.
- Die Springform mit etwas Butter einfetten.
- Die Form inklusive deren Rand mit dem Teig möglichst gleichmäßig auskleiden.
- Form in den Kühlschrank stellen.
- Für die Füllung den Kürbis längs halbieren, entkernen und mit der Schnittfläche nach unten auf ein mit Backpapier belegtes Blech legen.
- Bei 200 Grad rund 30 Minuten im Ofen weich garen.
- Herausnehmen und etwas abkühlen lassen.

- Das Kürbisfleisch aus der Schale kratzen und pürieren.
- Das Vanillecrème-Pulver mit dem Rahm verrühren und unter das Püree mischen.
- Übrige Zutaten beifügen und alles gut verrühren.
- Die Springform aus dem Kühlschrank nehmen.
- Die Füllung auf den Teigboden geben und den Kuchen rund 50 Minuten bei 180 Grad in der Mitte des Ofens (Ober- und Unterhitze) backen.

* * *

Schneller Apfelkuchen

Zutaten

1 Pck.	Puddingpulver, Vanille
150 g	Butter
150 g	Zucker
2	Ei(er)
1 Prise	Salz
250 g	Mehl
3 TL,	gestr. Backpulver
5 EL	Milch
500 g	Äpfel, klein geschnitten
	Paniermehl
	Puderzucker zum Bestäuben

Zubereitung:

- Eine Springform einfetten und mit Paniermehl ausstreuen.
- Butter schaumig rühren, Eier und Zucker, Salz dazugeben.
- Danach Mehl, Backpulver und Puddingpulver

mischen und ebenfalls unterrühren.

- Zum Schluss die Äpfel unter den Teig mischen und das Ganze dann in die Springform geben und glatt streichen.
- Backofen auf 180 Grad (Umluft: 160 Grad) vorheizen und ca. 35 Minuten backen.

* * *

Zwetschgenkuchen vom Blech

Zutaten:

500 g	Dinkelmehl Type 630, oder Weizenmehl Type 405
80 g	Zucker
1 Pck	Vanillezucker
1 Pck	Trockenhefe oder ½ Würfel frische Hefe
300 ml	lauwarme Milch
100 g	weiche Butter

Für die Streusel:

80 g	Butter
80 g	Zucker
1 Prise	Salz
150 g	Dinkelmehl Type 630 oder Weizenmehl Type 405

Außerdem:

1500 g	Zwetschgen oder Pflaumen
	Etwas Butter für die Form

Zubereitung:

- Lauwarme Milch, Mehl, Zucker, Vanillezucker und Hefe in einer Rührschüssel mischen.
- Weiche Butter hinzugeben.
- Mit den Knethaken des Handrührgerätes für ca. 5 Minuten zu einem glatten Hefeteig verkneten.
- Zugedeckt 60 Minuten ruhen lassen.
- In der Zwischenzeit für die Streusel Butter, Zucker und Salz mit den Händen oder dem Knethaken des Handrührgeräts grob vermischen.
- Mehl hinzugeben und weiter kneten bis sich grobe Streusel formen, kühlstellen.

- Backofen auf 180 Grad Ober-/Unterhitze (Umluft: 160 Grad) vorheizen.
- Ein tiefes Backblech (ca. 38 x 45 cm) einfetten.
- Zwetschgen oder Pflaumen waschen, trocken tupfen, halbieren und den Stein entfernen.
- Teig auf das Backblech geben und mit einem Teigroller oder von Hand gleichmäßig dünn auf dem Blech festdrücken.
- Pflaumen und Zwetschgen neigen dazu,

beim Backen viel Saft abzugeben.
. Daher eignet sich für dieses Rezept ein tiefes Backblech am besten.
- Den Hefeteig dicht an dicht mit den vorbereiteten Früchten belegen und Streusel darauf verteilen.
- Pflaumenkuchen im vorgeheizten Backofen für ca. 35 Minuten backen.

Der Pflaumen-Streuselkuchen hält sich luftdicht verschlossen für etwa 2 Tage bei Raumtemperatur.

Tipps:
- Der Kuchen kann auch zur Hälfte, mehr oder weniger, mit Apfelspalten belegt werden.
- Sehr lecker mit frisch geschlagener Sahne.

* * *

Heidelbeer-Birnen-Pfannkuchen aus dem Ofen

Zutaten:

40 g	Rohrohrzucker
1 Prise	Salz
150 g	Weizenmehl, Typ 405
2	Eier
200 ml	Milch
500 g	Birnen
2 EL	Butter
200 g	Heidelbeeren, frisch
50 g	Pekanusskerne
1 EL	Puderzucker

Zubereitung:

- Ofen auf 180 °C (Umluft) vorheizen.
- In einer Schüssel Zucker, Salz und Mehl mischen.
- Eier und Milch verquirlen, die Hälfte zur Mehlmischung geben und zu einem glatten Teig verrühren.
- Übrige Eiermilch unter Rühren nach und nach zugießen.
- Teig ca. 15 Min. quellen lassen.
- Birnen waschen, schälen, vierteln, entkernen und in Spalten schneiden.
- Eine Quiche- oder Auflaufform (26–28 cm Durchmesser) fetten und Birnen hineingeben.
- Mit übriger Butter in Flöckchen belegen und im vorgeheizten Backofen 5–8 Min. vorgaren.
- Heidelbeeren waschen und gut abtropfen lassen.
- Pekannüsse grob hacken.
- Teig nochmals durchrühren, Heidelbeeren und Nüsse unterheben und Teig über die Birnen gießen.
- Bei gleicher Temperatur weitere ca. 20 Min. im Ofen backen, bis die Ränder leicht bräunen.
- Heidelbeer-Birnen-Pfannkuchen aus dem Ofen nehmen, leicht oder ganz abgekühlt mit Puderzucker bestäubt servieren.

Tipps:

- Auf Grund hoher Schadstoffbelastung wird es derzeit nicht empfohlen, Pekannüsse zu konsumieren!!!
- Ich nehme für Pfannkuchen sehr gerne Dinkelvollkornmehl.

Vegane Heidelbeer – Muffins

Zutaten:

150 g	Margarine, vegan
150 g	Zucker
1 Pck.	Vanillinzucker
1 Prise	Salz
80 ml	Sojadrink
1 EL	Essig
200 g	Weizenmehl, Typ 405
½ Pck.	Backpulver
150 g	Heidelbeeren, tiefgefroren

Zubereitung:

- Backofen auf 180 °C (Ober-/Unterhitze) vorheizen.
- In einer Schüssel weiche Margarine, Zucker, Vanillinzucker und 1 Prise Salz mithilfe eines Handrührers mit Schneebesen schaumig schlagen.
- Sojadrink und Essig einrühren.

- Mit Mehl und Backpulver zu einem glatten Teig verrühren.
- Gefrorene Heidelbeeren vorsichtig unterheben.
- Mulden eines Muffinbleches fetten oder mit Backförmchen auslegen.
- Teig gleichmäßig darin verteilen.
- Im Backofen ca. 25–30 Min. goldbraun backen.
- Muffins herausnehmen, aus der Form lösen und auf einem Kuchengitter auskühlen lassen.

Tipps:
- Statt Weißmehl nehme ich lieber Dinkelvollkornmehl.
- Achten Sie darauf, dass in der Margarine KEIN Palmöl verarbeitet wurde.
- Leider hört man immer öfter, dass Sojaprodukte nicht schadstofffrei sind.
- Ich nehme daher lieber Nussmilch- oder Hafermilch.

* * *

Heidelbeerkuchen

Zutaten:

½ Pk	Backpulver
5	Eier
250 g	Heidelbeeren
300 g	Mehl
1/8 l	Milch
1 Prise	Salz
2 Pk	Vanillinzucker
250 g	Zucker

1/8 l Öl

Zubereitung:

- Für den Heidelbeerkuchen den Dotter, Zucker und Vanillezucker in einer Schüssel schaumig schlagen.
- Öl langsam unter ständigem Rühren einfließen lassen, danach Milch langsam hinzufügen.
- Das Mehl mit dem Backpulver vermischen, dazugeben und das Ganze zügig aber dennoch mindestens 3 Minuten glatt rühren.
- Danach Eiklar mit einer Prise Salz zu Schnee schlagen und unter die Masse heben.
- Die Masse auf ein tiefes Blech (oder Auflaufform) streichen
  und mit den Heidelbeeren bestreuen.
- Bei 200°C im vorgeheizten Ofen, bei Ober- und Unterhitze, ca. 20 Minuten backen.
- Danach kann man einen Drucktest machen - dazu mit dem Daumen leicht den Teig eindrücken.
- Dann warten, bis ein Fingerdruck auf der Oberfläche wieder glatt wird.
- Ausgekühlt in Stücke schneiden und evtl. leicht an zuckern.

* * *

Käsepfannkuchen

Zutaten:

250 ml Milch

1/2 TL Salz

1/2 TL	Zucker
2	Eier
	Backpulver
	getrocknete Kräuter
150 g	Käse
200 g	Mehl
2 EL	Sonnenblumenöl
	Butter

Zubereitung:

- Milch, Salz, Zucker, Eier gut miteinander verrühren.
- Nun etwas Backpulver und die getr. Kräuter dazu geben.
- Den Käse reiben und in die Eimasse rühren.
- Nun das Mehl und das Sonnenblumenöl mit einem Schneebesen gut verrühren.
- In einer trockenen Pfanne die Pfannkuchen von beiden Seiten anbraten.
- Heraus nehmen und mit etwas Butter jeden Pfannkuchen bestreichen.
- Aufrollen – fertig.

* * *

Saftiger Rührkuchen, der lange frisch bleibt

Zutaten

250 g	Butter
200 g	Zucker
6	Ei(er)
3 EL,	gestr. Kakaopulver
1 EL,	gestr. Zimt

125 ml	Kaffee, starker, lauwarmer
150 g	Haselnüsse oder Mandeln, grob gemahlen
250 g	Mehl
1 Pck.	Backpulver
1 Pkt.	Kuchenglasur (Schoko)
1 Beutel	Schokodekor (Mokkabohnen)
	Fett und Semmelbrösel für die Form

Zubereitung

- Die Butter mit dem Zucker sehr schaumig rühren.
- Die Eier einzeln dazu geben.
- Das Mehl mit Backpulver, Kakao und Zimt mischen, sieben und unterrühren.
- Kaffee und Nüsse dazu geben.
- Den Teig in eine sehr gut gefettete, mit Bröseln ausgestreute Gugelhupfform füllen.
- Im vorgeheizten Backofen bei 175°C ca. 45 Minuten backen (Stäbchenprobe).
- Nach dem Erkalten mit Schokoguss überziehen und mit Mokkabohnen verzieren.

* * *

Karotten - Kokos - Kuchen mit Zimt

Zutaten:

400 g	Dinkelmehl Type 630 (oder Weizenmehl)
1	Packung Backpulver
1 EL	Pfeilwurzelstärke (dient als Bindemittel) Oder ein Ei)
50 g	Kokosraspeln
1 - 2 TL	Zimt (nach Geschmack)
150 g	trockenes Süßungsmittel nach Wahl

	(z.B Rohrzucker)
	Mark einer Vanilleschote
1 Prise	Salz
optional:	geriebene Schale einer (Bio) Orange
400 - 500 g	Karotten
120 ml	geschmacksneutrales Öl
80 g	Apfelmus

Puderzuckerguss

200 g	Puderzucker plus Saft von ein bis zwei Zitronen

Zubereitung

- Trockene Zutaten in einer Schüssel mischen.
- Karotten schälen, fein raspeln und in einer separaten - Schüssel mit dem Öl und dem Apfelmus mischen.
- Anschließend trockene und feuchte Zutaten mit den Händen zu einem Teig verkneten.
- Eine große Kastenform oder große Springform

einfetten und den Teig damit befüllen.
- Im vorgeheizten Backofen bei 175 Grad circa 40 Minuten bis 50 Minuten backen (am besten eine Stäbchenprobe machen).
- Kuchen auskühlen lassen und mit Puderzuckerguss übergießen.
- Den Karotten Kokos Kuchen erst anschneiden, wenn er komplett ausgekühlt ist.

* * *

Russischer Apfelkuchen mit Streuseln

Zutaten:
500 g grüne Äpfel
100 g Rohrzucker
5 g gemahlener Zimt
Zitronenschale – nach Geschmack
50 g Butter

Für den Teig:
200 g Mehl
80 g Rohrzucker
100 g Butter

Zubereitung:
- Äpfel gründlich waschen, schälen und in nicht zu kleine Würfel schneiden.
- Die Butter in eine nicht zu heiße Pfanne geben.
- Schmilzt sie, gib die Apfelwürfel, den Rohrzucker und den Zimt dazu und mische alles gut durch.
- Nach Geschmack nun etwas Zitronenschale dazu geben.

- Für den Teig nun das Mehl, den Zucker und die Butter mit dem Rührgerät gut vermischen.
- In eine leicht gefettete längliche Backform nun die Apfelwürfel hinein geben.
- Aus dem Teig große Streusel formen und darüber streuen.
- Nun bei 180 ° Umluft ca. 30 Minuten backen.

* * *

Gemüse - Omelett

Zutaten:

100 – 150 g Gemüse nach Wahl
40 g Halbhartkäse
1 EL Mehl (Reis kann verwendet werden)
2 Eier
Gewürze deiner Wahl

Zubereitung:

- Gemüse gründlich in Natronwasser waschen und anschließend mit klarem Wasser abspühlen.
- Nun das Gemüse roh reiben oder fein hacken.
- Den Käse fein reiben.
- Alle Zutaten vermengen, verrühren.
- In einer vorgeheizten, geölten Bratpfanne zugedeckt 10-12 Minuten garen.
- Sehr gut schmeckt es mit griechischem Joghurt oder Sauerrahm.
- Ein Gemüse-Omelett kann auch sehr gut zu Fisch und Frischkäse serviert werden.

NUDELGERICHTE

Scharfe Nudeln mit Auberginen und Erdnusssauce

Zutaten

200 g	Vollkornnudeln oder Pasta
1	große oder 2 kleine Auberginen
200 g	Champignons
1	mittelgroße Karotte
5 EL	Tamari- oder Sojasauce
4 EL	Ahornsirup
3 EL	Apfelessig
4 EL	Erdnussbutter
0,5 TL	Chilipulver
50 g	Babyspinat

Zubereitung

- Wasser in einem mittelgroßen Topf aufkochen.
- 1 Prise Salz hineingeben und die Nudeln nach Packungsangabe al dente kochen.
- Abgießen und unter kaltem Wasser abspülen.
- Aubergine, Pilze in mundgerechte Stücke schneiden, die Karotte hobeln.
- 2 Esslöffel Olivenöl in einer großen Pfanne sehr heiß werden lassen.
- Auberginen und Champignons 8 Minuten unter regelmäßigen Wenden darin anbraten.
- Sollten Sie ansetzen, 2 Esslöffel Wasser in die Pfanne geben und den Bodensatz mit dem Holzlöffel lösen und verrühren.
- Tamari, Ahornsirup, Essig, Erdnussbutter und Chilipulver mit 6 Esslöffeln Wasser und einem halben Teelöffel frisch gemahlenem schwarzen Pfeffer in ein Schraubenglas geben, verschließen und gründlich schütteln.
- Die Temperatur in der Pfanne etwas reduzieren, die Hälfte der Sauce hineingeben und 4 Minuten unter regelmäßigem Rühren kochen.
- Nudeln, Spinat, Karotten und die restliche Sauce in die Pfanne geben und alles gründlich verrühren.
- Weitere 2 Minuten kochen.
- Die Pfanne vom Herd nehmen und die Nudeln abschmecken.
- Wer es scharf mag, kann mehr Chilipulver hinzugeben.

* * *

Süße Nudeln mit Beeren

Zutaten:

750 ml	Milch
1 Prise	Salz
40 g	Vanillinzucker
500 g	Fusilli
500 g	Heidelbeeren, frisch
200 g	Erdbeeren, frisch
200 g	Himbeeren, frisch
2 EL	Zucker
50 g	Vollmilchschokolade
50 g	Zartbitterschokolade
200 g	Schlagsahne
20 g	Schokolade weiß

Zubereitung:

- In einem Topf Milch und ca. 750 ml Wasser mit Salz und 1 Päckchen Vanillinzucker aufkochen.
- Nudeln darin ca. 9 Min. bissfest garen.
- Inzwischen Beeren waschen. Mit Zucker nach Geschmack süßen.
- Einen Topf mit Wasser auf höchster Stufe zum Kochen bringen.
- Schokolade hacken und in einer hitzebeständigen Schüssel über dem heißen Wasserbad schmelzen.
- In einem Topf Sahne mit übrigem Vanillinzucker aufkochen.
- Flüssige Schokolade unterrühren und warm halten.
- Nudeln abgießen und im Topf mit den Beeren mischen.

- Mit der Schokosauce anrichten, weiße Schokolade darüber reiben.
- Nudeln mit süßer Sauce auf Teller anrichten und servieren.

* * *

Käse – Lasagne

Zutaten für 4 Personen:

16 Blätter	Lasagne
1 Esslöffel	Öl
2	Eier
80 g	Butter
½ Tasse	Milch
200 g	Weißkäse
3-4 Stängel	fein gehackte Petersilie
1 Tasse	geriebener Cheddar-Käse

Zubereitung:

- Fetten Sie zunächst die Auflaufform mit Butter ein.
- Nun den Käse zerbröseln und mit der Petersilie vermischen.
- Wasser in einem großen Topf zum Kochen bringen und Salz und Öl hinzufügen. Die Lasagneblätter dazugeben und weich kochen.
- Achten Sie darauf, dass sie nicht so stark kochen, so dass sie nicht auseinanderfallen.
- Spülen Sie die Lasagneblätter in kaltem Wasser ab und trennen Sie sie einzeln, damit sie nicht aneinander kleben und Ihre Arbeit erschweren.
- Das Ei mit einer Gabel verquirlen und mit zerlassener Butter und Milch verrühren.

- Legen Sie die eine Schicht Lasagneblätter in die Auflaufform.
- Die Eiermischung auf jedes Blatt streichen und die Käse-Petersilien-Mischung darüber streuen.
- Wenn alle Blätter fertig sind, mit geriebenem Cheddar-Käse bestreuen und im auf 180 Grad vorgeheizten Ofen goldbraun backen.

Tipps:
- Dazu passt sehr gut ein grüner Salat, oder auch Tomatensalat.
- Haben Sie vorgegarte Lasagneblätter, entfällt die ganze Arbeit des Vorkochens.

* * *

Kräuterfrischkäse mit Nudeln

ZUTATEN für 2 Personen:

Je 1 rote oder gelbe Zwiebel
200g Pilze
1 EL Thymian
1 Boursin oder 1 Block Feta
Salz / Pfeffer / Öl
1 Knoblauchzehe
250 g Farfalle
1 Kelle Nudelkochwasser (optional)
1 Handvoll Spinat

Zubereitung:
- Pilze reinigen und in ¼ oder Scheiben schneiden.
- Die Zwiebeln und den Knoblauch fein hacken.
- Die Thymianblätter abzupfen und evt. auch fein hacken.

- Zwiebeln, Knoblauch in Öl andämpfen.
- Thymian und den Käse hinzufügen und schmelzen lassen.
- Den Spinat darüber geben und alles mit etwas Nudelwasser dämpfen.
- Während dessen die Nudeln al dente kochen.
- Sind die Nudeln fertig, können Sie alles schön in Tellern anrichten.

* * *

Cremige Käsespätzle mit Röstzwiebeln

Zutaten

5	Ei(er)
400 g	Mehl
1 Prise(n)	Salz
100 ml	Wasser kochendes
4	Zwiebel(n), rot
1/2 Becher	Schlagsahne

	etwas Milch
	etwas Sahne
1 TL	Gemüsebrühe
50 g	Käse (Emmentaler), gerieben
	Gewürz(e) nach Wahl
	Öl zum Braten
	Petersilie, gehackt

Zubereitung

- Für den Spätzleteig die Eier und das Salz in eine Teigschüssel geben, und mit einem Handrührgerät verrühren.
- Dann das Mehl langsam portionsweise zugeben.
- Soviel Mehl hinzugeben, bis der Teig zähflüssig ist und von dem Rührbesen reißt.
- Wenn der Teig zu fest wird, ein wenig Wasser hinzugeben.
- Nun den Teig ein wenig ruhen lassen.
- Dann den Teig in kochendes Wasser schaben oder drücken (mit einem Spätzlehobel), am besten sind für dieses Rezept Knöpfle, also kurze Spätzle.
- Eine der Zwiebeln fein würfeln, die restlichen Zwiebeln in Ringe schneiden (für Röstzwiebeln).
- Die gewürfelten Zwiebeln in der Pfanne mit etwas Öl glasig anschwitzen.
- Dann die fertigen Spätzle zu den Zwiebeln geben, leicht bräunen lassen, dabei umrühren.
- Nun ein halbes Glas Wasser und die Gemüsebrühe hinzugeben.
- Das Ganze dann ein wenig einkochen lassen.
- Etwas Milch hinzugeben, abschmecken, und noch ein wenig Sahne für den Geschmack dazu geben.

- Wenn alles dann schön cremig ist, den geriebenen Emmentaler (man braucht nicht so viel Käse da die Sahne und die Milch schon cremig sind) unterheben.
- Nebenher die Zwiebelringe in heißem Öl braten, bis sie schön braun sind, dann auf einem Küchenkrepp abtropfen lassen.
- Als Letztes die Käsespätzle mit gehackter Petersilie bestreuen und die Röstzwiebeln dazu servieren.

* * *

Gebackene Tortellini in Frischkäserahm

Zutaten:

500 g	frische. gekühlte Tortellini mit Spinatfüllung
2	kleine Zucchini
150 g	Frischkäse mit Kräutern
250 ml	Schlagsahne
250 ml	Milch
150 g	geriebener Gouda
	Salz, Pfeffer

Zubereitung:

- Den Backofen auf 180 °C vorheizen.
- Zucchini waschen, längs halbieren und in Scheiben schneiden.
- Sahne, Milch und Frischkäse verrühren, mit Salz und Pfeffer abschmecken, geriebenen Gouda dazugeben.
- Tortellini und Zucchini mit der Rahmsoße vermischen und alles in eine feuerfeste Form geben.

- Die Form in den heißen Ofen schieben und etwa 25 Minuten fertig backen.

Dazu einen knackigen Salat servieren.

* * *

Pasta mit Paprika - Erdnuss - Soße

Zutaten:

100 g Spaghetti nach Wahl (z.B Dinkelspaghetti)
250 g rote Spitzpaprika, in Stücke geschnitten
1 (rote) Zwiebel, in Stücke geschnitten
50 g getrocknete Tomaten (im warmen Wasser einweichen, bis sie weich sind)
etwas Einweichwasser von den getrockneten Tomaten
2 EL Erdnussmus Crunchy

1 bis 2 TL	Harissa (nach Geschmack)
1 TL	Kurkuma
	Salz, Pfeffer,
	Kräuter nach Geschmack
2 EL	Hefeflocken
1 TL	Olivenöl (optional)

Harissa – algerisches, scharfes Gewürz

Zubereitung

- Die Paprika- und Zwiebelstücke im Ofen bei 175 Grad circa 45 Minuten backen.
- In der Zwischenzeit die Spaghetti kochen.
- Paprika und Zwiebel mit den getrockneten

  Tomaten und etwas Einweichwasser zu einer Soße pürieren.
- In eine Pfanne geben, mit den restlichen Zutaten abschmecken und einige Minuten garen.
- Nudeln dazugeben und kurz mit garen.
- Die Pasta nach Geschmack noch zusätzlich mit Erdnussmus toppen und servieren.

Informationen zu Harissa:

Harissa (arabisch هريسة , DMG Harīsa oder im Tunesisch-Arabischen Dialekt: L'Hrisa/L'Hrisa l'ëarbiy) ist eine aus Tunesien stammende **scharfe Gewürzpaste aus frischen Chilis, Kreuzkümmel, Koriandersamen, Knoblauch, Salz und Olivenöl**.

Ist Harissa gesund?
Es kann als Marinade für Fleisch und Fisch verwendet werden, als Dip für Gemüse und Brot oder als Würze für Suppen und Eintöpfe.
Gesundheit: Harissa ist reich an Antioxidantien, Vitaminen und Mineralien, die Ihrem Körper helfen können, gesund zu bleiben.

Für was kann man Harissa verwenden?
Harissa eignet sich zum Würzen von Suppen, Teigwaren und Reisgerichten und wird häufig zu Couscous gereicht. Harissa gibt es fertig als Pulver und als Würzpaste in Dosen, Tuben oder Gläsern zu kaufen, man kann sie aber auch ganz leicht selbst zubereiten.

Harissa und Merguez
Die Merguez (arabisch مرقاز ; 'mɛʁgəz) ist eine **s**charf gewürzte Hackfleisch-Bratwurst aus der maghrebinischen Küche. Ursprünglich nur aus Lammfleisch, besteht sie mittlerweile meist aus durchwachsenem Lamm- und Rindfleisch.

Wenn man in Frankreich an einer Imbissbude Merguez verlangt, wird auf das Stück Baguette von der Harissa-Paste gestrichen. Dann die Merguez darauf gelegt und das Baguette zusammen gelegt.

Hmmmm auch wenn ich hier ein vegetarisches Buch schreibe, muss ich gestehen, Merguez im Baguette mit Harissa schmeckt einfach genial.

* * *

Nudeln mit Knoblauch und Sahne

Zutaten:

350 g	Nudeln
3	Zehen Knoblauch, gehackt
180 ml	Sahne
100 g	italienischer Käse (Parmesan, Fontina, Grana Padano), gerieben
	Salz und schwarzer Pfeffer
3 TL	gehackte Petersilie

Zubereitung:

- Die Nudeln anhand der Packungsbeilage al dente kochen und absieben.
- Eine Tasse Nudelwasser abfangen.
- Währenddessen das Öl in einer großen Pfanne erhitzen.
- Den Knoblauch eine Minute rösten, dann die Sahne und die Hälfte des Nudelwassers hinzufügen.
- Die gekochten Spaghetti hinzufügen und schwenken, bis alles gut bedeckt ist und die Soße köchelt.
- Vom Herd nehmen und den Käse hinzugeben. Konstant schwenken und nach und nach das restliche Nudelwasser hinzufügen bis die Soße die gewünschte Konsistenz hat.
- Mit Salz und Pfeffer würzen, mit Petersilie garnieren und sofort servieren.

* * *

Gnocchi mit Tomaten und Mozzarella

Zutaten

400 g	Gnocchi (Kühlregal)
1 Kugel	Mozzarella, gewürfelt
150 g	Cocktailtomaten, halbierte
1 Handvoll	Basilikum, gehackt
1	Knoblauchzehe, zerkleinert
1 Schuss	Sahne
	Salz und Pfeffer
n. B.	Olivenöl

Zubereitung:

- Gnocchi nach Packungsanleitung kochen und abgießen.
- Währenddessen Knoblauch und halbierte Cocktailtomaten in heißem Olivenöl so lange anschwitzen, bis die Tomaten anfangen zusammenzufallen.
- Gnocchi, gewürfelten Mozzarella und gehacktes Basilikum dazugeben.
- Bei mittlerer Hitze unter ständigem Rühren den Mozzarella schmelzen lassen, einen Schuss Sahne dazu (wirklich nur einen Schuss, die Sahne soll das Ganze nur etwas verflüssigen und keine Sahnesauce daraus machen).
- Mit Salz und Pfeffer abschmecken.

* * *

Pizza - Spaghetti

Zutaten:

340 g	Spaghetti
3	Eier
½	Tasse Milch
1 EL	Oregano
	Parmesan
1	Knoblauch-Zehe
	Tomatensauce
	Belag deiner Wahl
Öl	(zum bestreichen der Auflauf- oder Backform)
ggf.	Basilikum

Zubereitung:

- Spaghetti bissfest kochen.
- Eier mit Milch, Oregano, Knoblauch und einer Hand voll Parmesan verrühren.
- Die fertig gekochten Spaghetti mit der Masse vermischen.
  Auf einem mit Öl bestrichenen Backblech oder einer mit Öl bestrichenen Auflaufform gleichmäßig verteilen.
- Mit Tomatensauce bestreichen, nach Wunsch belegen (Salami & Co.) und mit Parmesan (oder anderem geriebenen Käse) überbacken.
- 20 Minuten bei 200 Grad ODER - falls die Nudeln nach dem Vorkochen schon "zu" durch sind - 5 Minuten bei 200 Grad backen.

* * *

Penne in cremiger Gemüse - Soße

Zutaten (für 4 Personen)

500g Penne (oder andere kurze Nudeln)
Olivenöl
1 Zwiebel
1 Knoblauchzehe oder 1/2 TL Knoblauchpaste
300g TK-Buttergemüse (oder Erbsen)
3 EL Tomatenmark
300 ml Sahne
2 EL Italienische Kräuter
Salz, Pfeffer

Zubereitung

- Nudeln in reichlich Salzwasser kochen.
- In der Zwischenzeit Zwiebel und ggf. Knoblauch schälen und in kleine Würfel schneiden.
- Olivenöl in einer großen Pfanne erhitzen und die Zwiebel- sowie Knoblauchwürfel darin glasig dünsten.
- Jetzt das Buttergemüse dazu geben und 4 - 5 Minuten bei mittlerer Hitze braten.
- Tomatenmark darin anschwitzen und mit Sahne ablöschen.
- Mit Kräutern, Salz und Pfeffer abschmecken.
- Sobald die Nudeln gar sind tropfnass direkt aus dem Topf in die Pfanne geben und alles gut vermischen.
- Sollte es etwas trocken sein, einfach noch 2 - 3 EL Nudelwasser dazugeben.
- Jetzt kann serviert werden.

* * *

Spaghetti in roter Paprikasauce

Zutaten für 2 Personen

2	große rote Paprika
2	Schalotten
4	Knoblauchzehen
250g	Spaghetti oder Linguine
2 TL	Speisestärke
1 TL	Paprikapulver
3 EL	feinstes Olivenöl
1	Becher (200 ml) Sahne
3	Stengel frische glatte Petersilie
	Salz, Pfeffer (frisch gemahlen)

Zubereitung:

- Den Ofen auf 250°C vorheizen. Paprika darin für 30 Min rösten, danach herausnehmen.
- Die Haut der Paprika darf im Ofen schwarz werden, nicht erschrecken!

- Die schrumpelige Haut der Paprika lässt sich nun gut abziehen und entsorgen.
- Stiel und Kerne ebenfalls entsorgen.
- Schalotten und Knoblauch schälen und fein schneiden.
- In einer Pfanne im Olivenöl anbraten.
- Mit Salz und Pfeffer würzen.
- Parallel die Pasta nach Anleitung kochen.
- Den Inhalt der Pfanne dann in den Mixer geben. - Paprika, Sahne, Paprikapulver und Speisestärke zugeben.
- Im Mixer zu einer cremigen Masse verarbeiten. - Abschmecken und ggf. mit Salz, Pfeffer und Paprikapulver nachwürzen (die Sauce darf gerne intensiv im Geschmack sein, da die Pasta den Geschmack aufnimmt).
- Die Sauce in der Pfanne einköcheln lassen.
- Durch die Speisestärke dickt die Sauce schön ein.
- Dann die Pasta zugeben und alles gut durchmischen.
- Mit frischer gehackter Petersilie garnieren.

* * *

Cremiger Nudelauflauf mit Tomaten und Mozzarella

Zutaten:

400 g Rigatoni oder Penne
1 Zwiebel
2 Knoblauchzehen
1 Chilischote(n), frisch
500 g Tomaten, passierte

1 Becher Sahne
50 g Parmesan, frisch gerieben
125 g Mozzarella
400 g Cherrytomate(n)
1 Bund Basilikum, frisch
etwas Olivenöl
n. B. Salz und Pfeffer, schwarzer
Zucker

Zubereitung:

- Den Ofen auf 200 °C (Umluft 180 °C) vorheizen.
- Die Zwiebel und den Knoblauch sehr fein schneiden.
- Die Chilischote entkernen und ebenso fein hacken.
- Die Kirschtomaten waschen und halbieren.

- Den Parmesan reiben und den Mozzarella grob würfeln.
- Die Basilikumblätter abzupfen, waschen und trocken tupfen.
- In einem großen Topf Salzwasser zum Kochen bringen und die Nudeln darin laut Packungsangabe al dente garen.

- Währenddessen in einer großen Pfanne Olivenöl erhitzen und Zwiebel, Knoblauch und Chilischote darin anschwitzen.
- Die passierten Tomaten hinzufügen und die Sauce ein paar Minuten leicht köcheln lassen.
- Dann die Sahne und den geriebenen Parmesan unterrühren und die Sauce mit Salz, Pfeffer und einer ordentlichen Prise Zucker abschmecken.

- Wenn die Nudeln soweit sind, diese abgießen und in die Pfanne zur Sauce geben.
- Die Pfanne von der Hitze nehmen und die halbierten Kirschtomaten und die Hälfte der Mozzarellawürfel unterheben.
- Die Basilikumblätter in Streifen schneiden und ebenfalls unterheben.
- Alles zusammen in eine Auflaufform geben, mit dem restlichen Mozzarella bestreuen und ca. 20 Minuten auf der mittleren Schiene im Backofen gratinieren.

* * *

Penne Arrabbiata – der italienische Klassiker

Zutaten für 4 Personen:

450 g	Penne
3 EL	Olivenöl
2	Knoblauchzehen
2 TL	Chiliflocken
800 g	gestückelte Tomaten
2 EL	Tomatenmark
1/2	Bund Petersilie
1/3	Bund Basilikum
100 g	Parmesan
	Salz, Pfeffer

Zubereitung:

- Salzwasser aufkochen. Penne nach Packungsanweisung al dente kochen und abseihen.
- Knoblauch schälen und fein hacken.

- Olivenöl in einer großen Pfanne erhitzen. Knoblauch und Chiliflocken 1 Minute anbraten. - Hitze reduzieren, gestückelte Tomaten und Tomatenmark hinzufügen und 5-10 Minuten köcheln lassen.
- Basilikum und Petersilie fein hacken und 2 EL beiseite stellen.
- Pfanne vom Herd nehmen, Kräuter unterrühren und mit Salz und Pfeffer abschmecken.
- Penne zur Sauce geben und vermengen.
- Parmesan reiben.
- Penne auf Teller verteilen und mit Parmesan und restlicher Petersilie bestreuen.

* * *

Makkaroni Milanese

Zutaten:

250 g Makkaroni
5 Champignons
50 g Parmesan
50 g Gruyère
2 EL Sherry
2 EL Butter
2 EL Tomatenmark
1 Prise Muskat
Salz, Pfeffer

Zutaten:

250 g Makkaroni
5 Champignons
50 g Parmesan
50 g Gruyère
2 EL Sherry
2 EL Butter
2 EL Tomatenmark
1 Prise Muskat
Salz, Pfeffer

Zubereitung:

- Champignons in Scheiben schneiden.
- Parmesan und Gruyère reiben.
- Champignons und Tomatenmark in einer Pfanne auf mittlerer Hitze ca. 5 Minuten anbraten, mit Sherry ablöschen und mit Muskat abschmecken.

- Alles miteinander verrühren und vom Herd nehmen.
- Makkaroni nach Packungsangabe in einem Topf kochen, abgießen und wieder in den Topf geben.

- Butter hinzugeben und mit Makkaroni vermengen.
- Geriebenen Käse hinzugeben und verrühren. - Champignon-Pfanne unter die Makkaroni rühren.

Vielen Dank an meinen lieben Cousin, der absoluter Fan der italienischen Küche ist, für diese beiden tollen Rezepte.
Das Original von Makkaroni Milanese beinhaltet noch Schinken und Bacon.
Muss man aber nicht unbedingt nehmen. Es schmeckt aus so einfach super!

* * *

Pasta mit Knoblauch-Käse-Sauce

Zutaten für etwa 3 Personen:
300g Nudeln
3 Knoblauchzehen
120ml Milch
1 Packung Schmelzkäse
2 Scheiben Gouda
süßes Paprikapulver, (rosa)
Pfeffer, Salz
Petersilie (optional)
Parmesan (optional)
Öl zum Anbraten

Zubereitung:
- Die Nudeln nach Packungsanleitung kochen.
- Die Knoblauchzehen schälen und sehr fein würfeln.
- In etwas Öl glasig anbraten.

- Alle anderen Zutaten dazugebe und solange unter Rühren einköcheln lassen, bis der Käse geschmolzen und die gewünschte Konsistenz erreicht ist.
- Die Nudeln abgießen und zur Soße geben.
- Mit frisch geriebenem Parmesan und frischer Petersilie bestreuen.

* * *

Mehlklöße (altes Familienrezept)

Zutaten:

500 g	Mehl
2	Ei(er)
1 TL,	gestr. Salz
1	Prise Muskat
1/4 L	Milch

Zubereitung:
- Siebe das Mehl in eine große Schüssel, schlage dann die Eier hinein .
- Gib Salz und Muskat und einen guten Schuss Milch dazu.
- Dann verrühre das Ganze mit einem stabilen Kochlöffel.
- Du kannst natürlich auch eine Rührmaschine nehmen.
- Schütte nach und nach mehr Milch hinein, bis ein zäher Teig entsteht, welcher Blasen wirft.
- Bringe in der Zwischenzeit 2 Liter Brühe oder Salzwasser zum Kochen.

- Gib den Teig portionsweise mit einem großen Esslöffel (vorher immer ins heiße Wasser tunken, weil sich sonst der Teig nicht löst) hinein.
- Dann stelle den Herd auf mittlere Stufe.
- Die unregelmäßig geformten Klöße sind gar, sobald sie oben schwimmen.

Tipps:
- Sie schmecken lecker als Beilage mit in Butter gerösteten Zwiebeln oder Sauce.
- Falls davon etwas übrig bleibt, ist es abends gebraten noch mal so gut.
- Dazu dann einen grünen Salat mit Essig-Öl-Marinade.
- Oder verquirle 2-3 Eier und gib sie über die angebratenen Mehlklöße.

* * *

PILZE – EIN GESCHENK DER NATUR

Wie schmecken Pilze am Besten?

Am besten schmecken die frischen Pilze, wenn du sie **in etwas Butter leicht anbrätst oder blanchierst**.
Wenn du mehr Pilze hast, als für dein Essen notwendig sind, kannst du sie auch trocknen. Das kannst du entweder im Dörrgerät oder im Ofen machen.

Pilze richtig gewürzt:

Salz und frisch gemahlener Pfeffer sollten bei keinem Pilzgericht fehlen.
Knoblauch, Zwiebeln und ein Spritzer Zitronensaft runden den Geschmack bei der klassischen Zubereitung ab.
Wer etwas experimentierfreudiger ist, gibt einen Hauch Muskat oder etwas Ingwer dazu.

* * *

Pilze waschen?

Vor der Zubereitung **sollten** Sie die frischen **Pilze** putzen, denn sowohl auf selbst gesammelten Exemplaren aus dem Wald als auch auf Kulturchampignons können sich mit Bakterien belastete Verschmutzungen befinden.

Wie viele Pilze darf man essen?

Gibt es einen Richtwert für den Verzehr von Pilzen? Es wird empfohlen, **nicht mehr als etwa 250 Gramm pro Woche** zu essen, da manche Pilze Schwermetalle speichern.

Das Kochwasser von Pilzen verwenden

Das Einweichwasser ist ein wunderbarer Fond für Suppen, Saucen und Risotto.
Beim Einweichen färbt sich das Wasser bräunlich und trägt einen guten Teil der Pilzaromen.
Daher das Pilzwasser nicht wegschütten, sondern durch einen Kaffeefilter oder ein feines Sieb gießen und auffangen.

Kann man die Stiele von Champignons mitessen?

Die Stiele von Champignons könnt ihr bedenkenlos mitverspeisen.
Schneidet lediglich den unteren Strunk ab, da dieser meistens hölzern ist.
Ansonsten solltet ihr den Stiel – wie auch den Rest vom Champignon – vor dem Verzehr gut putzen.

Wer schmeckt besser – Austernpilz oder Champignon?

Austernpilze haben aufgrund der Glutaminsäure einen

komplexeren, würzigeren Geschmack als Champignons . Diese Aminosäure ist der Hauptfaktor für den Umami-Geschmack.
Rohe Austernpilze enthalten fast doppelt so viel Glutaminsäure wie rohe Champignons.

Champignons mit schwarzen Lamellen

Wenn der Hut geöffnet ist und man die Lamellen an der Unterseite sehen kann, sind die Pilze schon etwas älter. Sofern die Lamellen rehbraun sind, können sie bedenkenlos konsumiert werden.
Sind die Lamellen jedoch schon Schwarz, raten wir von einem Verzehr ab.

Diese Zutaten schmecken mit Pilzen

Pilze sind äußerst vielseitig, wodurch sich viele kulinarische Möglichkeiten bieten!
Hier haben wir euch eine Liste mit Lebensmitteln zusammengestellt, die besonders gut mit Pilzen harmonieren:

Blattgemüse wie Feldsalat, Romana, Rucola, Spinat, Mangold und Pak Choi
Kohlgemüse wie Grünkohl, Rosenkohl, Blumenkohl oder Brokkoli
Diverse andere Gemüsesorten wie Tomaten, Paprika, Zucchini, Auberginen, Karotten, Kürbis…
Fleisch, z.B. Hackfleisch, Schinken, Hähnchen, Steak
Fisch, z.B. Lachs oder Kabeljau
Getreide, z.B. Reis, Mais, Buchweizen oder Hirse
Hülsenfrüchte, z.B. Linsen, Kichererbsen und Bohnen
Nudeln - von Spaghetti bis Tortellini
Kartoffeln & Süßkartoffeln

Brot - ob fluffig-frisches Weißbrot, kräftiges Sauerteigbrot oder kerniges Pumpernickel
Nüsse, Kerne und Samen, z.B. Walnüsse, Sonnenblumenkerne oder Sesam
Nussmus & Tahini
Käse, z.B. Feta, Gouda, Edamer, Emmentaler, Mozzarella und Parmesan
Sahne
Milch
Eier
Kräuterbutter
Tomatensoße
Sojasoße
Kokosmilch
Zitrone

Quelle:
https://www.azafran.de/blog/12-herzhafte-pilz-rezepte-fuer-den-herbst.html

* * *

Risotto mit Edelpilzen, karamellisiertem Fenchel und Parmesan

Zutaten für 2 Personen:

100 g	Risottoreis
2 kl.	Schalotten
1 kl.	Knoblauchzehe
300 ml	frisch, gekochter Gemüsefond
80 ml	Grau Burgunder
½	Fenchel
½	Saft & Abrieb, Bio Zitrone

30 g	frisch, geriebener Parmesan
50 g	kalte Butter
	Olivenöl
	Rohrzucker
	Piment d'Espelette
	schwarzer Pfeffer a.d. Mühle & Salz
160 g	gemischte Edelpilze (Z.B. Kräuterseitlinge, Shiitake & Limonenseitling)
10 g	getrocknete Steinpilze
	Zitronenabrieb
	Butter & Olivenöl
	fein geschnittener Estragon
	schwarzer Pfeffer a.d. Mühle & Salz

Zubereitung:

- Zuerst werden die getrockneten Steinpilze in Weißwein eingeweicht und zur Seite gestellt.
- Die Schalotte und der Knoblauch schälen und in feine, kleine Würfel schneiden.
- Butter in einer Pfanne erhitzen und die Schalotten und den Knoblauch vorsichtig anschwitzen, ohne dass sie Farbe nehmen.
- Den Reis einrieseln lassen und mit Weißwein und dem Sud der Steinpilze ablöschen, damit sich der Reis langsam mit dem Weißwein aufsaugt.
- Erst dann die fein gehackten Steinpilze dazugeben.
- Den warmen Gemüsefond portionsweise zum Risotto geben, damit der Reis die Flüssigkeit langsam aufnimmt, dieser Vorgang dauert bis zu 20 Minuten.
- Dies wiederholt man immer wieder und rührt vorsichtig mit einem Holzlöffel kontinuierlich um.

- In der Zwischenzeit kann man den Fenchel fein würfeln und mit etwas Butter und Olivenöl goldbraun anrösten, danach kurz mit Rohrzucker karamellisieren, salzen und aus der Pfanne nehmen.
- Den karamellisierten Fenchel zum Risotto geben und mit etwas Zitronenabrieb und Zitronensaft verfeinern.
- Erst jetzt kommt nach und nach der geriebene Parmesan und die Butter dazu.
- Zum Schluss mit Lavendelhonig, Piment d'Espelette, frisch geriebenem schwarzem Pfeffer und Salz abschmecken.

- Die Edelpilze in Würfel schneiden und in Olivenöl & Butter anrösten, bis die Pilze Farbe angenommen haben.
- Mit Salz, Pfeffer und gehacktem Estragon abschmecken.
- Erst kurz vor dem Servieren die Edelpilze zum Risotto geben und vorsichtig umrühren und sofort auf einem warmen Teller anrichten.
- Etwas frisch geriebenen Parmesan darüber geben und sofort servieren.

* * *

Pilz ~ Quiche mit Maronen & Trauben

Zutaten fürMürbeteig :

250 g	Dinkelmehl
60 ml	Olivenöl
70 ml	kaltes Wasser
3 g	Salz
1	Ei

Pilz-Füllung:

500 g	gemischte Pilze, Z.B. Champignons, Kräuterseitling, Austernpilze usw.
250 g	frischer Babyspinat, fein gehackt
1 dicke	Stange Lauch
1	Knoblauchzehen
1	dicke Zwiebel
200 - 250 g	Mix aus Bergkäse & mittelaltem Gouda
1-2 EL	Butter und etwas Öl
400 g	Crème fraîche
	Café de Paris
	schwarzer Pfeffer a.d. Mühle
	Salz

Topping :

100 g	vorgegarte Maronen
	rote Trauben
ca. 50 g	Mix aus Bergkäse & mittelaltem Gouda

Zubereitung :

- Dinkelmehl und Salz mischen.
- Olivenöl und das Ei dazugeben und gut miteinander vermischen.
- Das Wasser nach und nach hinzufügen, bis es die richtige Konistenz hat.
- Den Teig mindestens 30 - 45 Min. ruhen lassen.

- Man kann ihn auch am Vortag zubereiten, das spart etwas an Zeit.
- Den Backofen auf 200° C mit Umluft vorheizen.
- Dann den Teig ausrollen, dann einen Kreis mit einem Durchmesser von ca. 30 cm ausschneiden.
- Den Teig in eine mit Backpapier ausgelegte 28er Quicheform legen, einen Rand hochziehen und andrücken, was zu viel ist mit einem Messer abschneiden.

Füllung :

- Den Lauch waschen, putzen und in Ringe schneiden.
- Den Babyspinat putzen, waschen und abtropfen lassen.
- Die gemischten Pilze in kleine Würfel schneiden.
- Den Knoblauch fein hacken und die Zwiebel fein würfeln.
- Butter & Öl in einer Pfanne erhitzen.
- Zuerst den Lauch, die Zwiebelwürfel und den Pilzmix hinzugeben und ca. 6-8 Minuten anbraten.
- Dann den Babyspinat und den Knoblauch hinzugeben und weiter 4-5 Minuten weiter braten.
- Mit etwas Salz und Pfeffer würzen.
- Die Masse in eine Schüssel gießen und mit Crème fraîche, Café de Paris und ggf. noch mit etwas Pfeffer abschmecken.
- Zum Verfeinern der Quiche kann man Steinpilzpulver oder 25 g getrocknete, eingeweichte und mit angebratene Steinpilze zur Masse geben !!!
- Ein wenig frisch gehobelten Trüffel ist eher zu empfehlen.

- Es sollte leicht überwürzt schmecken !
- Die Füllung auf den Mürbeteig geben und glatt streichen.
- Die Maronen und die halbierten Trauben auf der Quiche verteilen und mit etwas Käse bestreuen.
- Die Quiche bei 180°C ca. 30-35 Minuten backen, bis die Füllung nicht mehr flüssig und leicht gebräunt ist.

- Falls die Oberfläche beim Backen zu dunkel wird, kann man ein Stück Alufolie oder Backpapier darüber legen.
- Anschließend ca. 10 Minuten abkühlen lassen.
- Wer möchte kann die Quiche auch in einer Muffinform ausbacken, ideal als Fingerfood oder als Vorspeise mit etwas Salat.

Tipp:
Wer mal in Zeitnot ist kann auch einen guten Quiche - oder Blätterteig verwenden !

* * *

Champignon Kräuter Omelette vom Backblech

Zutaten:

4 Eier	Größe L
250 g	Cherry-Tomaten
200 g	Champignon
150 ml	Milch 3,5 % Fett oder veganes Cuisine zum Kochen
1 1/2 TL	Rührei Gewürz
2 TL	Kräuter

Zubereitung:

- Den Backofen auf 180 Grad Umluft vorheizen und ein Backblech mit Backpapier auslegen
- Die 4 Eier aufschlagen und in eine Schüssel geben.
- 150 ml Milch oder veganes Cuisine zum Kochen hinzufügen und zusammen mit dem Rührei Gewürz gut verquirlen.
- Die Tomaten waschen und in Hälften schneiden, so wie die geputzten Pilze in Scheiben schneiden.
- Nun das Gemüse auf das Backblech geben und die Eiermasse darüber gießen.
- Jetzt noch die Kräuter darüber geben und für etwa 25 Minuten in den Backofen geben.
- Das Omelett aus dem Ofen nehmen, wenn das Ei gestockt ist und in Stücke schneiden.
- Die Backofen Temperatur ggf. zwischendurch reduzieren, damit es nicht zu dunkel wird.

Tipp:
Wer das Omelett noch etwas cremiger möchte, kann zur Eimasse etwas geriebenen Käse geben.

Rührei Gewürz selbst gemixt:
Zutaten: Meersalz, Paprika, Pfeffer, Tomaten, Zwiebel, Petersilie, Schnittlauch, Kurkuma

Kräutermischung selbst gemixt:
Zutaten: Petersilie, Lauch, Majoran, Liebstöckel

* * *

Nudeln mit Safran-Champignons-Sauce

Zutaten:

1	Schalotte
1	Knoblauchzehe
250g	Champignons
0,1g	Safranfäden
50g	Schmand
125ml	Gemüsebrühe
1	Bund Petersilie
	BIO-Pfeffer
	Flor de Sal (Algarve)
	Zucker
500g	Nudeln

Zubereitung:

- Schalotten und Knoblauch pellen und klein hacken.

- Pilze säubern und in Scheiben schneiden. - Petersilie waschen und ebenfalls klein hacken.
- Safranfäden mörsern und in der Gemüsebrühe einweichen.
- Schalotten, Knoblauch und Pilze in einer Pfanne mit etwas Öl zusammen andünsten und mit der Safran-Brühe ablöschen und bei mittlerer Hitze etwas einköcheln lassen.
- 50% der Petersilie zusammen mit dem Schmand untermischen und kurz aufkochen lassen.
- Danach mit Salz, Pfeffer und evtl. etwas Zucker abschmecken.
- Dann mit Salz, Pfeffer und Cayenne, eventuell etwas Zucker, abschmecken.
- Nudeln „Al-Dente“ kochen und zusammen mit der Safran-Champingion-Sauce servieren.
- Die zweiten 50% Petersilie und etwas Pfeffer als Dekoration über die Nudeln geben.

* * *

Schnelle, herzhafte Pilzpfanne

Zutaten für 4 Personen:

500 g Bandnudeln, im Badischen nimmt man auch gerne Spätzle dazu
400 g Champignons
1 Zwiebel
2 Zehe(n) Knoblauch
50 ml Weißwein
250 ml Sahne
150 ml Gemüsebrühe
½ Bund Schnittlauch

2 EL Butter
Salz und Pfeffer

Zubereitung:

- Einen Topf mit Wasser aufsetzen, salzen und zum Kochen bringen. Währenddessen die Pilze putzen und in Scheiben oder Viertel schneiden.
- Zwiebel und Knoblauch schälen und fein hacken.
- Eine große Pfanne auf den Herd stellen und die Butter darin erhitzen.
- Sobald das Fett flüssig ist, Zwiebel hinzugeben und andünsten.
- Nach 2 Minuten den Knoblauch hinzugeben und mitdünsten.
- Anschließend die Pilze hinzufügen und für 3 Minuten braten.
- Mit dem Weißwein ablöschen, kräftig rühren und köcheln lassen, bis der Wein verdampft ist. - Währenddessen die Bandnudeln nach Packungsanweisung im Wasser kochen.
- Nun Sahne und Gemüsebrühe zu den Pilzen geben, gut vermischen und mit Salz und Pfeffer würzen.
- Köcheln lassen, bis eine dickflüssige Soße entsteht.
- Schnittlauch waschen, trocken schütteln und fein hacken.

* * *

Einfach – lecker – Champignonsuppe

Zutaten für 4 Personen:
400 g Champignons
300 g Kartoffeln (mehlig kochend)
1 Zwiebel
2 EL Butter
50 ml Weißwein
1 l Gemüsebrühe
100 ml Sahne
4 Thymian-Zweige
Salz und Pfeffer

Zubereitung:

- Für die Champignonsuppe pellen wir zuerst die Zwiebel und hacken sie in feine Stücke.
- Die Kartoffeln befreien wir ebenfalls von der Schale und würfeln sie.
- Die Champignons putzen wir gründlich mit einem Tuch und entfernen das untere Ende des Stiels.
- Anschließend werden die Pilze halbiert. - Thymianzweige waschen und trocken schütteln.
- In einem großen Topf setzen wir etwas Wasser auf, salzen es und bringen es zum Kochen.
- Die Kartoffeln geben wir nun für 15 Minuten in den Topf.
- Während die Kartoffeln kochen, erhitzen wir die Butter in einer Pfanne und dünsten darin die Zwiebelstückchen an.
- Nach ungefähr 1 Minute geben wir die Champignons hinzu und braten sie rundherum kurz an.
- Eine Handvoll Pilze nehmen wir jetzt aus der

Pfanne und stellen sie beiseite zum späteren Garnieren.
- Dann löschen wir die restlichen Pilze und Zwiebeln in der Pfanne mit dem Weißwein ab und lassen alles köcheln, bis sich der Alkoholdunst verzogen hat.
- Sobald die Kartoffeln gar sind, schütten wir sie ab und geben sie zusammen mit dem Inhalt der Pfanne, der Gemüsebrühe und der Sahne in einen Mixer.
- Alternativ funktioniert auch das Pürieren mit einem Stabmixer.
- Noch einmal großzügig mit Salz und Pfeffer würzen und dann so lange mit Mixer oder Stabmixer bearbeiten, bis eine feine, cremige Suppe entsteht.
- Auf vier Tellern anrichten und mit den angebratenen Pilzen und Thymianzweigen garnieren.

* * *

Pizza Funghi

Zutaten:
Für den Teig:

165 g	Weizenmehl (Typ 00)
5 g	Hefe
110 ml	Wasser
10 g	Salz

Für den Belag:

1	Dose Tomaten

6 Blatt	Basilikum
3 EL	Olivelnöl
100 g	Champignons
150 g	Mozzarella
	Salz und Pfeffer

Zubereitung:

- Zuerst das Mehl in eine Schüssel geben. - Anschließend die Hefe im Wasser auflösen und etwa 80 Prozent des Hefewassers zum Mehl gießen.
- Den Teig nun gründlich vermischen und beginnen zu kneten.
- Währenddessen das restliche Wasser sowie das Salz hinzugeben.
- Alles nun für ca. 10 Minuten gut kneten. - Anschließend abgedeckt bei Zimmertemperatur oder etwas wärmer eine Stunde gehen lassen.
- Danach den Teig nochmals gut durchkneten.

- Lass ihn jetzt noch einmal für ca. eineinhalb Stunden an einen warmen Ort abgedeckt gehen.
- Oder über Nacht im Kühlschrank.
- Heize deinen Ofen auf maximale Temperatur vor – üblich sind bei normalen Backöfen 250 °C.
- Wenn du einen Pizzastein hast, ist jetzt sein Einsatz gefragt.
- Hast du keinen, heize den Ofen einfach mitsamt Backblech vor.

- Währenddessen bereitest du die Tomatensoße zu.
- Gib dazu die Tomaten mit dem Saft in eine Schüssel und zerdrücke sie gründlich mit den Händen.
- Benutze möglichst keinen Mixer oder Zerkleinerer, damit die Kerne nicht zerkleinert werden – das könnte für einen bitteren Geschmack sorgen.

- Rupfe das Basilikum klein, gib es zusammen mit dem Olivenöl zu den Tomaten und schmecke die Soße mit Salz und Pfeffer ab.
- Putze die Champignons und schneide sie in etwa gleich dicke Scheiben oder Stücke.
- Schneide außerdem den Mozzarella in Schreiben oder reibe ihn klein.

- Streue etwas Mehl auf deine Arbeitsfläche und lege den Teig darauf.
- Drücke von innen nach außen mit den Fingerspitzen die Luft im Teig in den Rand.
- Nun legst du deine flachen Hände auf die dünne Innenfläche der Pizza und ziehst den Teig mit kreisenden Bewegungen auf die perfekte Größe

(ca. 30 Zentimeter Durchmesser).
- Lege den Pizzaboden auf ein Backpapier und ziehe ihn noch einmal etwas in Form.
- Verteile die Tomatensoße auf dem Teig und gib den Mozzarella und danach die Pilze darauf.
- Würze die Pizza Funghi noch einmal mit Salz und Pfeffer und schiebe sie dann für ca. 10 Minuten in den heißen Ofen.
- Wenn der Käse gut geschmolzen ist und die Ränder goldbraun gebacken sind – dann ist deine Pizza Funghi fertig!

* * *

Pilzbutter

Zutaten:

250 g	Butter
1	ganze Zwiebel
1	Knoblauchzehe
4 Zweige	Thymian
	Salz, Pfeffer
200 g	Pfifferlinge
etwas	Pflanzenöl zum Anbraten

Zubereitung:
- Zuerst die Pfifferlinge gründlich putzen und in kleine Teile schneiden.
- Die Zwiebel schälen und ebenso in kleine Teile schneiden.
- Nun das Öl in einer Pfanne erhitzen und beide Zutaten anschwitzen.
- Während dessen den Knoblauch fein schneiden und hinzufügen.

- Zum Schluss den Thymian mit in die Pfanne zur Mischung geben.
- Gib nun die weiche Butter in eine Schüssel und rühre die Pfifferlingmischung gut unter.

- Abschmecken kann man mit Salz und Pfeffer.
- Nun kannst du die Buttermischung auf ein Backpapier verteilen und ihr eine längliche Form geben.
- Aufrollen und im Kühlschrank, am Besten über Nacht ruhen lassen.

Tipps:
Schmeckt super auf frisches Brot, Baguette oder zu gegrilltem Fleisch.

Ein großes Dankeschön an meine Freundin Silvia.

* * *

Was tun, wenn Ihre Pilzzucht einen großen Ertrag bringt?
Oder wenn Sie mehr Pilze gefunden haben, als kurzfristig zu verwerten ist?

Trocknen heißt der Zaubertipp!!

Verwendet werden können Steinpilze, Pfifferlinge, Morcheln, Champignons und viele andere Pilzsorten.

Wichtig:
20 Gramm getrocknete Pilze entsprechen etwa 200 g frischen Pilzen.

Pro Person werden ungefähr 10 bis 15 Gramm benötigt.

Zubereitung:
- Die Pilze gründlich abputzen und vom Stiel ca. 5 mm abschneiden.
- Die Pilze in ebenfalls ca. 5mm dicke Scheiben schneiden.
- Bei Pfifferlingen reicht es, wenn man die Größeren einmal teilt.
- Den Backofen auf 50-60 Grad vorheizen.
- Legen Sie nun ein Backpapier auf den Grillrost und verteilen Sie die Pilze darauf.
- Sie dürfen sich dabei nicht berühren.
- Die Trocknung dauert ca. 4 – 5 Stunden.
- Prüfen Sie nach 4 Stunden, wieweit die Pilze bereits getrocknet sind.
- Geben Sie während der Trocknung einen Holzlöffel in die Türe, damit der Dampf entweichen kann.
- Sind die Pilze gut getrocknet, gut abkühlen lassen.
- Wenn keinen Wärme mehr vorhanden ist, können sie in einem Twist-off-Glas ideal gelagert werden.
- Plastikbehälter sollte man nicht benutzen!

Die Pilze sind auf diese Art sehr lange haltbar.

* * *

Semmelknödel mit Pfifferling - Rahmsoße

Zutaten für 2 Portionen:

500 g	Pfifferlinge
½	Zwiebel

	Fett
1 EL	Mehl
250 ml	kalte Brühe
1 Becher	Sahne
1 TL	Petersilie, frisch gehackt
1	Eigelb
	Salz, Pfeffer und Muskat
4-6	Semmelknödel je nach Größe
	Selbst gemacht oder fertig gekauft

Teig für die Semmelknödel:

350 g	Semmelknödelbrot
2	Eier
2	Eigelb
½	Zwiebel
etwas	Butter
	Petersilie frisch gehackt
300 ml	Milch, warm

Zubereitung:

- Zunächst Semmelknödel vorbereiten.
- Dazu das Semmelknödelbrot (die fein geschnittenen Semmeln) mit warmer Milch übergießen und 10 Min. zugedeckt ziehen lassen.
- Zwiebel schälen, würfeln und die Hälfte in zerlassener Butter anschwitzen.
- Nun die Zwiebelwürfel, Eier, Petersilie, Salz und Pfeffer zu der Semmelknödelmasse geben und gut durchkneten.
- Zu Knödeln formen und in kochendes Salzwasser geben.
- 15 Min. kochen lassen.
- Zuerst die Pfifferlinge putzen.

- Dann gut anbraten und anschließend aus der Pfanne nehmen.
- Dann die zweite Zwiebelhälfte würfeln und anbraten.
- Mit dem Mehl bestäuben und die kalte Brühe dazugeben.
- Zu einer Soße binden.
- Nun etwas von der Sahne, die Pfifferlinge, Petersilie und die Gewürze hinein geben und alles leicht köcheln lassen.
- Kurz vor dem Servieren noch die restliche Sahne mit dem Eigelb verquirlen und zum Binden in die Sauce geben.
- Noch einmal leicht aufkochen.

REISGERICHTE

Djuvec-Reis

Dieses Rezept für Djuvec-Reis ist unser Familienrezept, dass über Generationen weitergegeben wurde.
Jede Generation hat ihre persönliche Note dazu gegeben und ich auch.
Mein Djuvec-Reis ist bei unseren Gästen sehr beliebt und ich koche immer die komplette Menge. Du kannst ihn einkochen oder den Gästen mit nach Hause geben.

Zutaten:

2 Stück	Zwiebeln
4 Stück	Knoblauchzehen
2 Stück	Karotten
2EL	Schmalz,
2EL	Öl

2EL	Paprikagewürz edelsüß
1TL	Paprikagewürz geräuchert (optional, sonst mehr Paprikagewürz edelsüß)
2Prisen	Zucker
10EL	Ajvar
1Dose	Tomaten gehackt (450 ml)
300g	Langkornreis
600ml	Gemüsebrühe (oder Hühnerbrühe)
3 - 4Stück	Spitzpaprika (rot) (oder 3 Gemüsepaprika)
200 g	Erbsen (frisch oder TK)
3Prisen	Salz
3Prisen	Pfeffer
0.5Bund	Petersilie (oder 3/4 TK-Packung)

Einmachen (optional)

4-6 Stück	sterilisierte Gläser

Zubereitung:

- Alle Gemüse gründlich waschen und putzen.
- Zwiebeln, Karotte und Knoblauch klein würfeln und in Schmalz und Öl andünsten.
- Paprikagewürze dazugeben und für circa 1 Minuten mit anbraten und dabei rühren.
- Reis, Brühe, Dosentomaten und Ajvar dazugeben und aufkochen lassen, dann Hitze reduzieren und bei kleiner Hitze leicht köcheln.
- Immer wieder umrühren.
- Dann so nach und nach und ohne Eile … (Balkan Style halt :))
- Paprika fein würfeln und zum Reis geben.
- Petersilie hacken und zum Reis geben.
- Mit Salz und Pfeffer würzen.

- Erbsen zum Reis geben.
- Wichtig ist, dass der Reis immer wieder gerührt wird während er gart.
- Das kennst du vielleicht von Risotto.
- Das dauert relativ lange und auch je nach Langkorn-Reissorte unterschiedlich lange.
- Ich schätze mal von von 45 - 90 Minuten.
- Meist steht auf den Verpackungen die genaue Kochdauer.
- Durch das langsame Garen entwickelt der Djuvec-Reis einen tollen aromatischen Geschmack.
- Sollte der Reis je zu trocken werden und am Boden anbrennen, etwas Brühe nachgeben.
- Der Reis ist fertig, wenn die Körner komplett durchgegart sind.
- Er soll nicht flüssig sein, sondern recht fest.
- So, wie auf dem Foto:
- Am Ende, wenn der Reis dann die Flüssigkeit fast aufgezogen hat und der Reis komplett gar ist, Herd ausschalten und noch einmal circa 15 Minuten ohne Hitze ziehen lassen.

- Die Konsistenz ist richtig, wenn man ihn stürzen kann.
- Weil - traditionell wird der Djuvec-Reis aus einer Tasse auf den Teller gestürzt und es gibt noch einen Klecks extra Ajvar daneben und die fein geschnittene Petersilie.

Einmachen:
- Sterilisierte Gläser bereitstellen.
- Es eignen sich Schraubgläser und spezielle Einmachgläser.

- Den Djuvec-Reis einfüllen und die Gläser schließen.
- Achtet darauf, dass die Glasränder gut sauber sind.
- Alle Gläser in einen Einkochtopf stellen und 90 Minuten bei 100 Grad einkochen
- Abkühlen lassen und am besten an einem dunklen Ort aufbewahren.
- Der Reis hält sich so circa 2 Monate.

* * *

Schneller Djuvec Reis

Zutaten:

1 Tasse	Reis
2	nicht ganz volle Tassen Wasser
50 g	passierte Tomaten
1	mittlere Zwiebel, fein gehackt
1	rote Paprika, fein gehackt
2 große	Tomaten gewürfelt, die Kerne entfernen
1	Knoblauchzehe gepresst
1 Tasse	Tiefkühlerbsen
1 EL	geräuchertes Paprikapulver
1 großer TL	Salz
einen	Schuss Olivenöl
3 EL	Ajvar

Zubereitung:

- Alles zusammen in eine Auflaufform geben und mit Deckel 35 Min bei 230°C im vorgeheizten Ofen garen.

Reispfanne mit Herbstgemüse

Zutaten:

1 Stange	Lauch
2	Möhren
1	Pastinake
2 EL	Öl
300 g	Reis, gegart
2 EL	Korinthen
2 EL	Ras el Hanout, (orientalische Gewürz-mischung) ODER Currypulver
100 ml	Apfelsaft
1 Prise	Salz
1 Prise	Pfeffer frisch gemahlen
30 g	Haselnusskerne

Zubereitung:
- Gemüse waschen, putzen, trocknen.
- Lauch in ca. 1 cm breite Ringe schneiden.
- Möhren, Pastinake längs halbieren bzw. vierteln und in ca. 0,5 cm breite Scheiben schneiden.
- Gemüse in Öl unter Wenden ca. 4 Min. braten, Reis, Korinthen, Ras el Hanout unterheben, ca. 3 Min. weitergaren.
- Apfelsaft angießen, mit erhitzen, Reispfanne mit Salz, Pfeffer würzen, mit grob gehackten Haselnusskernen servieren.

Tipps:
- Man kann sehr gut Reis vom Vortag dazu nehmen.
- Oder extra vorkochen, so geht es Mittags oder Abends schneller mit der Zubereitung.
- Statt Korinthen kann man auch Rosinen oder Cranberries verwenden.

* * *

Risotto mit Kürbiscreme und Haselnüssen

Zutaten:

300 g	Kürbisfruchtfleisch
1 TL	Salz
1	mittelgroße Zwiebel
1 EL	Olivenöl
300 g	Risotto – Reis
1 L	Gemüsebrühe
40 g	Parmesan, frisch gerieben
60 g	Haselnüsse, grob gehackt
1 TL	Thymianblättchen

20 g		kalte Butter

Zubereitung:

- Zuerst den Kürbis waschen, schälen und von Fasern und Kernen befreien.
- Das Fruchtfleisch danach in kleine Würfel schneiden.
- Die Kürbiswürfel mit dem Wasser in einen Topf geben, salzen und in etwa 6-8 Minuten weich kochen.
- Anschließend mit einem Schneidstab fein pürieren und zur Seite stellen.
- Nun die Zwiebel abziehen und fein würfeln.
- Die Gemüsebrühe in einem Topf erhitzen und heiß halten.
- Das Öl in einem weiten Topf oder einer Pfanne erhitzen und die Zwiebelwürfel darin 3-4 Minuten glasig dünsten.
- Den Risotto-Reis hinzufügen und in etwa 2-3 Minuten unter Rühren glasig werden lassen.
- Jetzt eine Kelle von der heißen Gemüsebrühe zum Reis geben und völlig einkochen lassen.
- Erst dann die nächste Kelle Brühe und etwas von der Kürbiscreme hinzufügen.
- Erst wenn der Reis die Flüssigkeit vollständig aufgesogen hat, erneut Brühe und Kürbiscreme nachlegen.
- Den Reis auf diese Weise etwa 30-40 Minuten garen, bis er außen cremig und innen noch bissfest ist.
- In der Zwischenzeit die Nüsse in eine beschichtete Pfanne ohne Fett geben und etwa 2-3 Minuten rösten, bis sie duften.

- Anschließend den Topf vom Herd nehmen und die Butter und den geriebenen Parmesan unterrühren.
- Den Risotto in vorgewärmte tiefe Teller füllen, die Haselnüsse aufstreuen und ein paar Tropfen Balsamico-Essig darüber träufeln.
- Den Risotto mit Kürbiscreme und Haselnüssen mit ein paar Thymianblättchen garnieren und anschließend sofort servieren.

* * *

Reiskuchen mit Gemüse

Zutaten:

200 g	Reis
Je 1 Prise	Salz und Pfeffer
½ Msp.	Muskatnuss, frisch gerieben
250 g	Käse, gerieben, z.B. Gouda
1 ½ EL	Margarine oder Butter zum Einfetten

Zutaten für das Gemüse:

2 St	Schalotten
3 EL	Erbsen, tiefgekühlt
120 g	Mais aus der Dose
2 St	Tomaten, mittelgroß
1	Paprika, grün
20 g	Margarine oder Butter

Zutaten für den Teig:

80 g	Margarine oder Butter
150 g	Mehl
½ TL	Backpulver
250 ml	Milch

2	Eier
1 Prise	Salz

Zubereitung:

- Hierfür zuerst den Reis nach Verpackungstipp in kochendem Salzwasser aufkochen und quellen lassen.
- Währenddessen den Mais aus der Dose in ein Sieb schütten und abtropfen lassen.
- Die Schalotten abziehen und fein würfeln, die Tomaten sowie Paprika waschen, vierteln, entkernen, dann ebenso fein würfeln.
- Danach etwas Margarine in einer Pfanne erhitzen.
- Erst die Schalotten- und Paprikawürfel leicht andünsten.
- Dann Mais, Erbsen (müssen vorher nicht auftauen) sowie die Tomatenwürfel zugeben und ebenfalls dünsten.
- Anschließend den Backofen auf 200 Grad (Ober/Unterhitze) vorheizen und eine Springform mit Margarine einfetten.
- Für den Teig jetzt Mehl und Backpulver in eine Schüssel sieben, Eier Milch, Salz und die Margarine zugeben und zu einer glatten Masse vermischen.
- Das angedünstete Gemüse mit Reis sowie den Käse unterheben, dann mit Salz, Pfeffer und Muskat abschmecken und die Masse in die vorbereitete Springform füllen.
- Zuletzt den Reiskuchen mit Gemüse auf der 2. Leiste im Backofen ca. 60 Minuten backen.

Tipps:

- Sie können auch gerne Zucchini, Chili und Knoblauch als Gemüsezutaten dazu geben.
- Der Reiskuchen schmeckt sehr gut mit Kräuterquark oder Kräuterdipps.

* * *

Gefüllter Paprika mit Reis

Zutaten:

200 g	Reis
2	Kartoffeln
400 g	Tomaten
5 g	Thymian
200 g	Erbsen, tiefgekühlt oder aus der Dose
8	Paprika, gelb und / oder rot

1 EL	Pflanzenöl
1 Prise	Salz
1 Prise	Pfeffer aus der Mühle

Zubereitung:

- Zunächst den Reis mit der doppelten Menge Wasser zum Kochen bringen und so lange kochen, bis er die ganze Flüssigkeit aufgesogen hat.
- Die Kartoffeln mit der Schale weichkochen, danach schälen und in kleine Würfel schneiden.
- Die Tomaten überbrühen, schälen und das Fruchtfleisch klein würfeln.
- Thymian abzupfen und fein hacken.
- Reis, Kartoffeln und Tomaten mit den Erbsen und ein wenig von den passierten Tomaten vermischen.
- Mit Salz, Pfeffer und Thymian würzen.
- Die Paprika waschen, den Deckel abschneiden und die Kerne sowie das Weiße herausschneiden.
- Die Reis-Gemüse-Mischung einfüllen und den Deckel wieder daraufsetzen.
- Paprika in eine ofenfeste Form stellen und mit Öl bepinseln.
- Für ungefähr 25 Minuten im vorgeheizten Backrohr bei 180 °C backen.
- In der Zwischenzeit die passierten Tomaten erwärmen und mit Salz und Pfeffer würzen.
- Die gefüllten Paprika mit der Tomatensoße anrichten und servieren.

* * *

Apfel – Zimt - Reis

Zutaten:

2	Äpfel
500 ml	Apfelsaft
50 g	Rosinen
20 g	Mandeln, gehobelt
1 Prise	Zimt, gemahlen (Ceylon-Zimt)

Zubereitung:

- Für den Apfel-Zimt-Reis zunächst den Apfelsaft aufkochen, Reis und Rosinen einrühren und für ungefähr 15 Minuten köcheln lassen.
- In der Zwischenzeit die Äpfel schälen, das Kerngehäuse entfernen und das Fruchtfleisch würfeln.
- Unter den Reis rühren und mit Zimt abschmecken.
- Weitere 5-10 Minuten leicht köcheln.
- Währenddessen die Mandeln ohne Fett anrösten.
- Den Apfel-Zimt-Reis anrichten und mit den Mandeln bestreut servieren.

* * *

Schokoladenmilchreis a la Oma

Zutaten:

125 g	Milchreis
1 EL	Zucker
100 g	Schokolade
650 ml	Milch
etwas	Vanillezucker, oder Vanilleextrakt
1 EL	Butter

1 Vanilleschote, es muss keine große sein

Zubereitung:

- Zunächst den Milchreis waschen und zur Seite stellen.
- Als nächstes in einem tiefen Topf 1 EL Butter erhitzen, den Milchreis hinzugeben und kurz in der Butter anbraten.
- Danach die Milch, den Zucker sowie den Vanilleextrakt hinzugeben.
- Alternativ kann auch eine Vanilleschote mitgekocht werden und später entfernt werden.
- Den Milchreis unter ständigem Rühren aufkochen lassen.
- Die Temperatur der Herdplatte runter schalten auf kleine Flamme, oder den Topf auf eine zweite Herdplatte stellen, die nur auf kleine Flamme heizt.
- Nun den Deckel des Topfes drauf und für 30 - 45 Min. ruhen lassen.
- Ab und zu (ca. alle 10 Min) kann man nach dem Rechten sehen und eventuell einmal umrühren.
- Nach der Ruhezeit von der Herdplatte nehmen und die Schokolade eurer Wahl hinzugeben und rühren, bis sie komplett geschmolzen ist.
- Danach nochmal 30 Min. bei geschlossenem Deckel ziehen lassen.

* * *

Gemüserisotto mit Burratina

Zutaten:

1 kleine Zwiebel

1	Zucchetti ca. 180 g, dies ist eine etwas größere Zucchini
200 g	Cherrytomaten
2 EL	Olivenöl
200 g	Risottomischung, am Besten mit Tomaten und Basilikum
8 dl	Gemüsebouillon
	Pfeffer
125 g	Barratine – Buratta

Zubereitung:

- Zwiebel hacken.
- Zucchetti mit dem Sparschäler in dünne Zungen hobeln.
- Cherrytomaten halbieren.
- Öl erhitzen. Zwiebel darin andünsten.
- Reis beigeben, glasig dünsten.
- Bouillon nach und nach dazugeben.
- Risotto zugedeckt ca. 20 Minuten kochen, bis er sämig ist, aber noch etwas Biss hat.
- Nach der Hälfte der Kochzeit die Zucchettischeiben dazugeben.
- Mit Pfeffer abschmecken.
- Tomaten zum Schluss unter rühren. Risotto mit Burratina servieren.

Informationen zu Barratine – Buratta:

- Burrata ist ein italienischer Frischkäse vom Typ Filata.
- Burrata ist eine Sonderform des Mozzarella, wird aber überwiegend aus Kuhmilch (seltener aus Büffelmilch) hergestellt und hat etwa 44 % oder 60 % Fett i. Tr.

- Bei der Herstellung wird eine Mischung aus Stracciatella und Sahne in ein kleines Säckchen aus Mozzarella gefüllt.
- Es hat meist einen Durchmesser von 10 bis 12 cm und wiegt zwischen 300 und 500 g.
- Burrata wird in Italien vor Ort und auf kurze Distanzen meist ohne Verpackung ausgeliefert, d. h. in Bottichen in Salzlake, aber auch wie Mozzarella verpackt in Plastikbeuteln mit Salzlake.
- Früher wurde der Käse häufig in Affodillblätter verpackt, was ihm einen speziellen Geschmack verlieh.
- An den grünen Blättern konnte man erkennen, ob Burrata noch frisch war.
- Aufgrund von Hygienebestimmungen wurde der Affodil durch grünes Plastik ersetzt, was heutzutage jedoch mehr und mehr verschwindet. - Burrata bedeutet auf Deutsch „gebuttert“, womit auf die cremige Konsistenz hingedeutet wird.
- Burrata wurde 1956 in der Nähe von Andria erfunden, als ein starker Schneefall den Transport der Milch von außerhalb gelegenen Höfen in den Ort verhinderte.
- Um die Sahne zu konservieren, wurde sie in Mozzarella-Säckchen verpackt.

Filata:

- **Filata** ist die Sammelbezeichnung für verschiedene Käsesorten, die sich durch ein besonderes Herstellungsverfahren auszeichnen, bei dem die Bruchmasse gesäuert, abgebrüht und zu langen Fäden ausgezogen wird.
- Es handelt sich um eine Art der Brühkäse.

- Das Wort leitet sich ab von der italienischen Bezeichnung *Formaggio a pasta filata*, was in etwa übersetzt werden kann als „Käse aus gesponnenem Teig“ (zu *filare*, spinnen, ausziehen; von *filo*, Faden).
- Bekannte Sorten aus Italien sind Mozzarella und Provolone, doch auch Käse anderer Herkunft wie Parenica und Çeçil/Chechili wird nach demselben Verfahren hergestellt.
- Zur Herstellung von Brühkäse wird der Käsebruch eine Weile stehengelassen, dann aus der Molke gehoben und mit ungefähr 80 °C heißem Wasser überbrüht.
- Anschließend wird die heiße Masse unter Rühren, Kneten und Ziehen zu einem weichen und formbaren Teig verarbeitet.
- Davon werden gleichmäßige Stücke abgetrennt.
- Dieser Brühkäse wird meist zu einer Kugel, einem Zopf oder zu einer anderen typischen Gestalt geformt und danach zum Abkühlen in ein kaltes Wasserbad und anschließend in eine Salzlake oder Molke gelegt.
- Je länger der Käse im Salzbad liegt, desto stärker ist er gesalzen.
- Er wird frisch verkauft oder durch Trocknung oder Räuchern weiterverarbeitet.

Typische Filata-Käse sind:
Burrata
Caciocavallo
Fior di latte
Kaşar
Kaschkawal

Mozzarella
Provolone
Ragusano
Scamorza

Stracciatella di bufala

- (von italienisch *stracciato*, ‚zerrissen' oder ‚zerfetzt') ist ein Käse, der aus der italienischen Provinz Foggia stammt und aus der Milch des Wasserbüffels hergestellt wird.
- Es ist ein weißer Käse, ähnlich dem Mozzarella, aber im Vergleich zu diesem mit mehr Flüssigkeit und weicher.
- Er wird als Vorspeise serviert, manchmal mit Schinken dazu.
- Die Besonderheit des Stracciatella di bufala sind seine gesponnenen, weißen, übereinander liegenden Schichten, die Fäden ziehen.
- Sein Fettgehalt liegt bei ca. 45 % i. Tr.
- Sein Geschmack lässt sich als süß-säuerlich mit zartem Milchgeruch beschreiben.

Affodill (*Asphodelus*) oder Asphodill bildet eine Pflanzengattung in der Unterfamilie der Affodillgewächse aus der Familie der Grasbaumgewächse.

SALATE

Gärtnersalat, zum Einwecken geeignet

Zutaten:

2200 g	Gemüse (Karotten, Sellerie, Blumenkohl, Zwiebeln, Fenchel, grüne Bohnen, bunter Paprika) oder anderes Gemüse der Saison wie Zucchini, Auberginen, Pilze.
1500 ml	Tomatenpüree
70 ml	Weinessig
50 g	Zucker,
	Salz nach Geschmack,
	Olivenöl,
	Gewürze (Nelken, Wacholder, Piment, Pfeffer, Koriander)

Zubereitung:
- Das Gemüse in Natronwasser sehr gut waschen.
- Danach schälen und in mundgerechte Stücke schneiden.
- Das Gemüse in den Gläsern verteilen, aber noch genug Platz für die Flüssigkeit lassen!
- Tomatenpüree, Weinessig, Zucker, Salz und die Gewürze heiß werden lassen.
- Dann über das Gemüse gießen.
- Die Gläser am Rand säubern und gut verschließen.

Dann wie folgt einkochen:

Rohes Gemüse

Gemüse	**Einkochzeit**	**Temperatur**
Blumenkohl	90 min.	100 °C
Gurken	30 min.	100 °C
Kürbis	30 min.	90 °C
Rote Bete	45 min.	100 °C
Tomaten	30 min.	85 °C
Zucchini	30 min.	90 °C

Da ich gemischtes Gemüse genommen habe,
habe ich alles bei 100 ° C ca. 90 Minuten eingeweckt.

* * *

Gärtnersalat

Zutaten für 4 Personen:

550g	Gemüse (Karotten, Sellerie, Blumenkohl, Zwiebeln, Fenchel, grüne Bohnen, bunter Paprika) oder anderes Gemüse der Saison wie Zucchini, Auberginen, Pilze.
375 ml	Tomatenpüree
20 ml	Weinessig
13 g	Zucker, Salz nach Geschmack, Olivenöl, Gewürze (Nelken, Wacholder, Piment, Pfeffer, Koriander,)

Zubereitung:

- So wie oben beschrieben zubereiten.
- ABER nicht einwecken.
- Lassen Sie den Salat einige Stunden, am Besten über Nacht gut ziehen.

* * *

Rote-Bete-Salat mit Orangen, Avocado und Kürbiskernen

Zutaten

350 g rohe Rote Bete
1-2 Karotten
35 g Kürbiskerne
35 g Sesamsamen

2 reife Avocados
frisch gepresster Saft von einer halben Zitrone
2 Orangen
3 EL Aceto Balsamico oder Apfelessig
2 EL Ahornsirup
50 g Babyspinat

Zutaten

350 g rohe Rote Bete
1-2 Karotten
35 g Kürbiskerne
35 g Sesamsamen
2 reife Avocados
frisch gepresster Saft von einer halben Zitrone
2 Orangen
3 EL Aceto Balsamico oder Apfelessig
2 EL Ahornsirup
50 g Babyspinat

Zubereitung:

- Rote Beete und Karotten gründlich in Natronwasser waschen, Schmutz und Schadstellen entfernen und Spitzen und Enden abschneiden.
- Beides in eine Schüssel reiben.
- Eine beschichtete Pfanne bei mittlerer Hitze heiß werden lassen und Kürbiskerne und Sesamsamen 5 bis 7 Minuten darin rösten, bis sie knacken und duften.
- Die Avocado halbieren, den Kern entfernen, das Fruchtfleisch mit dem Löffel auslösen und in Würfel schneiden.
- Mit Zitronensaft und 1 Prise Salz in eine Schüssel geben und gründlich durchheben.
- Mit einem Messer oben und unten von den Orangen je einen Deckel abschneiden, sodass gerade Flächen entstehen.
  Dann die Schale von oben nach unten der Rundung folgend abschneiden, sodass die äußere Wachshaut vollständig entfernt wird.
- Die einzelnen Segmente entlang der Trennhäute einschneiden und auslösen.
- Den Rest der Orange über Rote Bete und Karotten ausdrücken.
- In einer zweiten Schüssel Essig, Ahornsirup, 4 Esslöffel Olivenöl, 2 Teelöffel Salz und eine Prise frisch gemahlenen schwarzen Pfeffer verquirlen, das Dressing über die geriebenen Beten und Karotten geben.
- Den Spinat und die Hälfte der gerösteten Körnermischung dazugeben und gründlich durchheben.

- Den Salat mit Avocado würfeln, Orangenfilets und den restlichen gerösteten Körnern garniert servieren.

* * *

Zaalouk – marokkanischer Auberginensalat

Zutaten:
2 Auberginen
2 Paprika,
eine Prise Salz.
Olivenöl
Knoblauch,
Petersilie
Koriander
1-2 Tomaten
Pfeffer, Salz,
Kurkuma, Paprika,
Chiliflocken, Kümmel gemahlen

Zubereitung:
- Eine flache Form mit Backpapier auslegen und die Paprika und Auberginen darauf legen.
- Die Auberginen mehrmals mit einer Gabel einstechen.
- Nun Olivenöl darüber geben und für 30 Minuten bei 220 Grad backen.
- Dann aus dem Ofen nehmen und kurz abkühlen lassen.
- Die Auberginen einzeln in Frischhaltefolie wickeln, die Paprika enthäuten.

- Schneiden Sie bei den Auberginen die Spitzen ab und drücken Sie das
  Innere in einen Teller.
- Nun alles zusammen fein hacken.
- In einer Pfanne Olivenöl erwärmen, den Knoblauch und die Kräuter dazu geben.

- Alles kurz andämpfen.
- Dann die Tomaten und die Gewürze dazu geben.
- Zum Schluss die Auberginen – Paprikamischung dazu geben.
- Alles gut vermischen.
- Jetzt noch frisch gehackte Petersilie dazu geben und etwas Zitronensaft.

* * *

Bunter Blattsalat mit Heidelbeeren

Zutaten für 4 Portionen:

200 g	Romana Salat
200 g	bunter Blattsalat
2	Kiwi
200 g	Heidelbeeren, frisch
1	Zitrone Nur Bio!!!
4 EL	Olivenöl
1 TL	Senf
1 TL	Honig
1 Prise	Salz
1 Prise	Pfeffer schwarz
5 EL	Sonnenblumenkerne

Zubereitung:

- Beim Romanasalat den Strunk entfernen, mit den Händen in mundgerechte Stücke zupfen, waschen und trocken schleudern.
- Bunten Salatmix waschen und trocken schleudern.
- Kiwi schälen und in Scheiben schneiden.
- Heidelbeeren waschen und ggf. verlesen.
- Zitrone waschen, etwa 1 TL Schale fein abreiben, halbieren und Saft auspressen.
- In einer Schüssel Olivenöl, 2 EL Zitronensaft und -schale, Senf, Honig, Salz und Pfeffer zu einem Dressing verrühren.
- Eine Pfanne auf mittlerer Stufe erhitzen und Sonnenblumenkerne unter Schwenken fettfrei ca. 2 Min. rösten.
- In einer Salatschüssel knackigen Blattsalat mit Früchten und Dressing vermischen.
- Sonnenblumenkerne über den Salat streuen und servieren.

* * *

Jaromakohl Salat

Zutaten:

200 g	Jaromakohl
1 EL	Apfelessig
1 EL	Sojasauce, hell
1 EL	Wasser
2 EL	Öl
1 TL	Zucker

Zubereitung:

- Den Kohl fein schneiden, in ein Sieb füllen und mit kochendem Wasser überbrühen.
- Nach ca. 2 Minuten abgießen und mit kaltem Wasser abschrecken.
- Die übrigen Zutaten verrühren und über den Kohl geben.

* * *

Griechischer Krautsalat

Zutaten:

1 Weißkohl
2 Zwiebeln
1 kleine Tasse Zucker
1 kleine Tasse Öl
2 EL Salz
1 TL Pfeffer

½ Flasche Kräuteressig, 250 – 350 ml
1 Flasche Mineralwasser mit Kohlensäure, 0,7 – 1 Liter

Zubereitung:

- Den Strunk vom Kohl entfernen.
- Den Kohl fein raspeln und in eine Schüssel geben.
- Die Zwiebeln in kleine Würfel schneiden und zum geraspelten Kraut geben.
- Zucker, Öl, Salz, Pfeffer, Kräuteressig und Mineralwasser vermischen.
- Der Zucker muss sich gut auflösen.
- Vorsicht, wenn man das Mineralwasser dazugibt, schäumt es etwas!
- Die Soße über das Kraut gießen.
- Das Ganze mit einem kleineren Deckel als die Schüssel ist, abdecken und mit 2-3 Konservendosen oder ähnlichem beschweren.
- 24 Stunden stehen lassen.
- Am nächsten Tag den Sud abgießen und servieren.

Tipps:

- Er lässt sich sehr gut im Kühlschrank in Einmachgläsern aufbewahren.
- Die Menge des Wassers und Essigs der Größe des Weißkohls anpassen.
- Der Sud wird vor dem Servieren abgegossen.

* * *

Kartoffelsalat mit Brühe
Auch zum Einkochen geeignet

Zutaten

1200 g	Kartoffeln - vorwiegend festkochend
1	mittelgroße Zwiebel - 1 Zwiebel ca. 75 g
8 EL	Öl - neutral
250 ml	Gemüsebrühe
3 TL	Zucker
5 EL	Essig - 5 % Säure
	Salz und Pfeffer - nach Geschmack

3 Twist-of-Gläser mit Deckel - ca. 580 ml Volumen

Zubereitung

- Gläser vorbereiten
- Die Kartoffeln waschen, mit der Schale in reichlich Wasser zu nicht zu weichen Pellkartoffeln kochen (ca. 20 Minuten), abgießen und leicht abkühlen lassen.

Dressing mischen

- Das Öl in eine Pfanne oder einen Topf geben, erwärmen und die geschälte und fein gewürfelte Zwiebel hinzufügen.
- Die Zwiebeln glasig dünsten, den Zucker und die Brühe hinzufügen, gut durchrühren und alles aufkochen lassen.
- Dann den Essig hinzufügen und nochmals kurz aufkochen lassen.

Kartoffelsalat fertig stellen

- Die noch warmen Kartoffeln pellen (die Schale abziehen) und in Scheiben geschnitten direkt in eine Schüssel geben.

- Das noch heiße Dressing auf die Kartoffeln geben, alle Zutaten vermengen und den Kartoffelsalat noch nach eigenem Geschmack mit Salz und Pfeffer abschmecken.

Kartoffelsalat einkochen

- Den Kartoffelsalat in saubere Einmachgläser füllen, verschließen und 90 Minuten bei 100 °C im Einkochautomat oder Topf einkochen

Natürlich muss man den Kartoffelsalat nicht einkochen, sondern kann ihn gleich essen.

* * *

SUPPENGERICHTE

Kichererbsen

* * *

Kichererbsensuppe mit Kurkuma und Ingwer

Zutaten

1	Zwiebel
1	Süßkartoffel
1,5 L	Wasser
330g	Eingeweichte Kichererbsen 330g aus dem Glas (vorgekocht)
2 TL	Pfeffer
3 TL	Salz
2 cm	Frische Kurkumawurzel
1 cm	Frischer Ingwer

1 Knoblauchzehe
400 ml Kokosmilch
150 g Brokkoli, frisch oder tiefgekühlt

Zubereitung

- Zuerst die Zwiebel schälen, klein schneiden und glasig anbraten.
- Die Süßkartoffel schälen, würfeln und dazu geben.
- Mit Wasser bedecken, sodass es einkochen kann.
- Nun mit Pfeffer und Salz würzen.
- Nach ca. 15 Minuten von der Herdplatte nehmen und etwas abkühlen lassen.
- Nun die Mischung zusammen mit dem frischen Kurkuma, Ingwer, der Knoblauchzehe, den Kichererbsen und der Kokosmilch in den Hochleistungsmixer geben und sehr cremig mixen.
- Schließlich den gefrorenen Brokkoli in einer Pfanne vorsichtig andünsten.
- Nach Belieben würzen.
- Sobald der Brokkoli in der Pfanne ist, die Suppe nun wieder in den Topf geben und ausreichend erwärmen.
- Dann nach Belieben Wasser hinzufügen, bis die gewünschte Konsistenz erreicht ist.
- Nochmals mit Pfeffer und Salz abschmecken, wenn gewünscht.
- Den Brokkoli als Topping auf die Suppe geben.

* * *

Italienische Gemüsesuppe

Zutaten:

1 gr	Zwiebel
2	Knoblauchzehen
2	Karotten
1 gr.	Zucchini
1 gr.	Paprikaschote
2 EL	Tomatenmark
1 L	Gemüsebrühe
1 EL	Olivenöl
1 Handvoll	Nudeln, ital. Muschelnudeln oder Suppennudeln
1 Spritzer	Zitronensaft
	Oregano und Thymian
	Salz und Pfeffer

Zubereitung:

- Die Zwiebel in grobe Stücke schneiden und den Knoblauch klein hacken.
- Karotten in Rädchen, Zucchini und Paprikaschote in Würfel schneiden.
- Zwiebel und Karotten im Olivenöl kurz anbraten, das Tomatenmark beimengen und kurz mit rösten.
- Danach Zucchini, Paprika und den gehackten Knoblauch beimengen und 1-2 Minuten bei niedriger Stufe weiter braten.
- Mit der Gemüsebrühe aufgießen und pfeffern, einen Schuss Zitronensaft, sowie Oregano und Thymian dazu geben.
- Die Nudeln dazu geben und bei Bedarf noch mit etwas Wasser aufgießen, mit Salz und Pfeffer abschmecken.

Cremige Kürbissuppe mit Äpfeln, Karotten und Kartoffeln

Zutaten:

1 kg	Hokkaidokürbis
2 m.-große	Zwiebeln
4 große	Karotten
2 m-große	Äpfel
etwas	Öl
4 m.-große	Kartoffeln
1 ½ L	Gemüsebrühe
1 Becher	Sahne, saure Sahne oder Schmand
	Salz und schwarzer Pfeffer aus der Mühle
etwas	Muskat
etwas	Petersilie, gehackt

Zubereitung:

- Den Kürbis halbieren, das weiche Innere mitsamt den Kernen entfernen und das Fruchtfleisch in Stücke schneiden.
- Die Zwiebeln schälen und achteln.
- Die Karotten schälen und in Stücke schneiden.
- Die Äpfel entkernen und in Spalten schneiden.
- Die Kartoffeln schälen und ebenfalls in Stücke schneiden.
- Kürbis-, Zwiebel-, Apfel- und Karottenstücke in einem großen Topf mit etwas Öl anbraten.
- Unter Rühren bei mittlerer Hitze weiter braten, bis der Kürbis weich, aber noch bissfest ist.
- Jetzt die Kartoffelstücke zugeben und mit heißer Gemüsebrühe auffüllen (er die Suppe nicht rein vegetarisch zubereiten möchte, kann auch andere Brühe verwenden).

- Auf kleiner Flamme so lange kochen, bis alles weich ist.
- Das dauert ungefähr 20 min.
- Nun die Sahne (oder den Schmand) zugeben und alles pürieren (am besten mit dem Pürierstab).
- Mit Salz, Pfeffer, Muskat und Petersilie abschmecken.
- Nach Belieben pro Portion noch Croûtons dazu servieren.

* * *

Croutons selbst gemacht

Zutaten:

4 Scheiben	Brot, oder großes Toastbrot
4 EL	Olivenöl, oder Butter
1 Prise	Salz
optimal 1 TL	Gewürze, z.B. Knoblauchpulver oder Kräuter der Provence

Zubereitung:
- Brot in kleine Würfel schneiden.
- Dann mit Olivenöl, Salz und optional noch mit Gewürzen in einer Schüssel mischen.
- Brotwürfel in einer Pfanne bei mittlerer Hitze rösten, bis sie gleichmäßig gebräunt sind.
- Zwischendurch umrühren.
- Croutons auf Küchenpapier geben und abtropfen lassen.

Tipp:
Man kann die Croutons auch im Backofen zubereiten.

- Hierfür die marinierten Brotwürfel auf ein mit Backpapier belegtes Blech geben.
- Bei 160 Grad Umluft 10 Minuten rösten.

* * *

Süßkartoffel - Kokossuppe

Zutaten:

400 g	Süßkartoffeln
600 ml	Gemüsebrühe
120 ml	Kokosmilch
Saft	einer halben Zitrone
250 g	Räuchertofu
3 EL	Olivenöl
1 EL	frische Ingwerblättchen
1 rote	Chilischote ohne Kerne in Ringe geschnitten
1/2 TL	Currypulver
1/4 TL	Kardamom

1/4 TL	Kreuzkümmelpulver

Zubereitung:

- Süßkartoffeln schälen und würfeln und in Gemüsebrühe auf den Punkt kochen.
- Mit dem Mixstab Suppe fein pürieren, mit Kokosmilch aufgießen und etwa 5 Minuten bei niedriger Hitze köcheln lassen.
- Zitronensaft zugeben, mit Currypulver, Kreuzkümmel und Kardamom würzen.
- Tofu würfeln, in heißem Olivenöl leicht anbraten, Ingwer und Chiliringe zugeben und mit anschwenken.
- Süßkartoffel-Kokossuppe in tiefem Teller anrichten und mit Tofu, Chili und Ingwer garnieren.

* * *

Bauernsuppe aus einem Hülsenfrüchtemix mit Gemüseallerlei

Zutaten:

1 ½ Tassen	Hülsenfrüchte gemischt, ideal bei EDEKA
1	Zwiebel, gewürfelt
2	Knoblauchzehen, fein gewürfelt
1 Stange	Lauch in Scheiben
2	Möhren gewürfelt
2	Petersilienwurzeln, gewürfelt
¼ Kopf	Blumenkohl in Röschen
4 große	Kartoffeln, gewürfelt
2	Tomaten, getrocknet und gewürfelt
2 EL	Olivenöl
3 TL	Gemüsebrühe, Pulver

2 EL Balsamico bianco
Salz und Pfeffer

Zubereitung:

- Diese Hülsenfrüchtemischung kommt aus Umbrien/Italien und wird für die „Zuppa Tradizionale“ verwendet.
- Man bekommt sie in Feinkostgeschäften.
- Die Hülsenfrüchte in 750 ml kaltem Wasser für etwa 12 Stunden einweichen. I
- m Einweichwasser zum Kochen bringen, das Brühpulver einrühren und alles etwa 45 Minuten köcheln lassen.
- Parallel dazu das Olivenöl in einer großen Pfanne erhitzen, Zwiebel- und Knoblauchwürfel kurz anbraten,
  dann das restliche Gemüse zufügen und bei geringer Hitze etwa 10 Minuten mitschwitzen.
- Anschließend den Pfanninhalt zu den Hülsenfrüchten
  geben, gut durchrühren und weitere ca. 10 Minuten köcheln lassen.
- Die Hülsenfrüchte sollten weich, das Gemüse aber noch „Biss“ behalten.

- Wenn der Eintopf zu dickflüssig wird, noch etwas Gemüsebrühe zufügen.
- Zum Schluss die Suppe mit weißem Balsamico, Pfeffer und Salz abschmecken.

* * *

Ölmühlensuppe - Zuppa Veloce - schnelle Suppe

Zutaten:

400 g	Hülsenfrüchte, gemischt
	viel Salzwasser
1	Zwiebel
3	Tomaten, frische
6 Stangen	Stangensellerie
2	Möhren
etwas	Olivenöl
	Salz und Pfeffer
etwas	Gemüsebrühe
n.B.	Suppenkräuter

Original mit 250 g Rinderhackfleisch, wobei es auch ohne sehr gut schmeckt!

Zubereitung:

- Die Hülsenfrüchte ca. 12 Stunden einweichen.
- Danach in reichlich Salzwasser ca. 20 Minuten kochen.
- Inzwischen Zwiebeln, Sellerie und Karotten in möglichst in kleine Würfel schneiden bzw. hacken und in Öl anbraten.
- Das Hackfleisch dazugeben und mit Salz und Pfeffer aus der Mühle abschmecken und 15 Minuten schmoren.
- Die Tomaten waschen, würfeln und untermischen, weitere 10 Minuten köcheln lassen.
- Die Suppenkräuter (z. B. Petersilie, Liebstöckel, Bohnenkraut, Estragon, frischer Schnittlauch, Thymian) waschen, die Stiele abschneiden und klein hacken.
- Das Angebratene unter die Suppenmischung geben und falls nötig mit Gemüsebrühe abrunden.
- Nach Geschmack die gehackten Suppenkräuter dazugeben.

Tipp:

- Die Hülsenfrüchtemischung kann man auch für 5 Mahlzeiten im Voraus abwiegen und als Mischung aufbewahren.
- Hierzu wiegt man von jeder Art Hülsenfrüchte 400 g ab, sodass man dann 2000 g Hülsenfrüchte erhält.
- Für eine Mahlzeit reichen dann 400 g von der Hülsenfrüchtemischung.

* * *

TOAST + SANDWICH - IDEEN

Grilled – Cheese - Sandwiches
Sandwich mit Birne und Cheddar

2	rote Zwiebeln
40 g	Butter
½	Birne
250 g	Käse, z.B. Gouda oder Cheddar
1 EL	Balsamicoessig
	Salz
	Pfeffer
4	Scheiben Brot
	Essiggurken, nach Belieben.

Zubereitung:

- Den Käse hobeln, und die Birne fein würfeln.
- Die Zwiebel halbieren und in Scheiben schneiden.

- Eine Pfanne auf mittlerer Stufe mit wenig Butter erhitzen und die Zwiebeln darin anbraten.
- Wenn die Zwiebeln schön angebräunt sind, den Balsamico Essig dazugeben und kurz einkochen lassen.
- Nun die Birnenwürfel unter die Balsamico-Zwiebeln mischen und die Pfanne beiseite stellen.
- Das Brot in halbdicke Scheiben schneiden.
- Darauf achten, dass die Scheiben nicht zu dünn werden, da sie sich sonst schlecht bestreichen lassen und leicht brechen.
- Nun jeweils eine Seite der Brote ordentlich mit Butter bestreichen.
- Eine neue Pfanne, die groß genug für zwei Brotscheiben ist, auf mittlerer Stufe erhitzen.
- Zwei Brotscheiben, mit der Butterseite nach unten, in die Pfanne legen.
- Die Hälfte des Käses auf die Brotscheiben verteilen und jeweils mit der Zwiebel-Birnen-Mischung bedecken.
- Den Rest des Käses darauf verteilen und mit Salz und Pfeffer würzen.
- Beide Brote nun mit den anderen Scheiben bedecken.
- Die Butterseite zeigt nach oben.
- Die Brote vorsichtig mit einem Pfannenwender umdrehen.
- Die Temperatur ggf. etwas runter drehen, damit das Brot nicht anbrennt und der Käse Zeit hat, zu schmelzen.
- Sobald der Käse ausreichend geschmolzen ist, die beiden Grilled Cheese Sandwiches aus der Pfanne nehmen, halbieren und sofort mit Essiggurken und BBQ-Sauce servieren.

Grilled Cheese Sandwich (Milanese Style)

Zutaten:

4 Scheiben	Toast
4	Tomaten
4	Eier
150 g	Cheddar oder Emmentaler, fein gerieben (Menge kann etwas variieren, je nachdem, wie fein der Käse gerieben ist)
eine Prise	Brotgewürz
2 Zweige	Basilikum, frisch
ein Schuss	Weißweinessig (oder weißer Balsamico)
	Olivenöl, oder neutrales Pflanzenöl
	Meersalz
	schwarzer Pfeffer aus der Mühle

Zubereitung:

- Die Strauchtomaten kurz in kochendes Wasser geben, anschließend in Eiswasser abschrecken und anschließend mit einem kleinen Messer die Schale abziehen.
- Die gehäuteten Tomaten vierteln, Kerngehäuse sowie Strunk entfernen, das Fruchtfleisch in feine Würfel schneiden, in eine Schüssel geben und mit Meersalz, Pfeffer und einem Schuss Essig abschmecken.
- Die Basilikumblättchen von den Zweigen zupfen, fein schneiden, unter den Tomatensalat heben und einen Schuss Olivenöl unterrühren.
- Die Eier in eine große Schüssel aufschlagen, mit einem Schneebesen gut vermischen, den fein geriebenen Käse unterrühren und die Masse mit einer Prise Salz und etwas Brotgewürz abschmecken.

- Die Toastscheiben langsam einzeln durch die Ei-Käse-Mischung ziehen (damit sich der Toast etwas vollsaugen kann) und dann von beiden Seiten in einer großen, beschichteten Pfanne mit wenig Pflanzenöl bei mittlerer Hitze auf dem Herd goldbraun braten.
- Die frisch gebratenen Cheese-Sandwiches auf zwei Tellern verteilen, den Tomatensalat darauf anrichten und sofort servieren.
- Als Beilage passen zum Sandwich wunderbar ein Steak oder auch Roastbeef.

* * *

Brotgewürze

1. Vorschlag, reicht für mehrere Brote

60 g Kümmel, ganz
30 g Fenchelsamen, ganz
25 g Anissamen, ganz
10 g Koriander, ganz

2. Vorschlag, reicht für mehrere Brote

2 TL Fenchensamen, 7 g
2 TL Koriandersaat, 4 g
2 TL Kümmel, 6 g
1 TL Anis ganz, 3 g
2 TL Kürbiskerne, 12 g

1 TL Sesam, 3 g

3. Vorschlag, reicht für mehrere Brote

10 g Koriander

60 g Kümmel
1 TL schwarzer Pfeffer, frisch gemahlen.

Zubereitung:

- Bevor wir unser Brotgewürz anmischen, sollten die Einzelgewürze angeröstet werden.
- Daher ist es wichtig, dass alle Gewürze als ganze Gewürze verwendet werden und sie nicht schon gemahlen sind.
- Durch das Anrösten intensivieren Gewürze ihren Geschmack.
- Sie sollten in einer Pfanne bei mittlerer Hitze trocken angeröstet werden und dabei immer wieder durch geschwenkt werden.
- Wichtig ist, darauf zu achten, dass die Gewürze nicht verbrennen, denn dann könnten sie bitter werden.
- Durch das Anrösten platzen Zellen in den Gewürzen auf und ätherische Öle werden freigesetzt, die den Geschmack und vor allem auch den Duft intensivieren.
- Nach dem Anrösten kommen die Gewürze in einen Mörser und werden mit dem Stößel grob zermahlen.
- Hierbei kann jeder selber bestimmen, wie grob oder fein die Gewürze werden sollen.
- Wie die Gewürze ganz fein mahlen möchte, kann auch eine Gewürzmühle oder einen Multi-Zerkleiner verwenden, um die Gewürze zu mahlen.

Grilled Cheese Sandwich Rezept

Zutaten:

1 TL	Olivenöl zum Braten
2	Knoblauchzehen gehackt
3	Handvoll frischer Spinat oder TK
Prise	Salz oder mehr nach Geschmack
2 EL	Frischkäse
4	Scheiben Brot nach Wahl
1 EL	Olivenöl
125 g	Cheddar Käse gerieben

Zubereitung für Spinat-Frischkäse-Creme

- Einen Teelöffel Olivenöl in einer Pfanne erhitzen und den Knoblauch ca. 1/2 Minute anbraten.
- Dann den Spinat und eine Prise Salz dazugeben und eine weitere Minute dünsten, bis der Spinat zusammengefallen ist.

- Anschließend in eine Schüssel geben und die überschüssige Flüssigkeit ausdrücken.
- Zuletzt den veganen Frischkäse und eine weitere Prise Salz nach Geschmack hinzugeben und verrühren.
- Die Pfanne säubern (oder eine andere große Pfanne nehmen) und auf mittlere Hitze erhitzen.
- Eine Seite der Brotscheiben mit etwas veganer Butter oder Öl überstreichen.
- Sobald die Pfanne heiß genug ist, 2 Scheiben Brot mit der gebutterten Seite nach unten hineinlegen.
- Auf jede Scheibe etwas geriebenen Käse streuen und dann die Spinat-Creme darauf verteilen und noch etwas mehr Käse (ca. 60g Käse pro Sandwich).
- Nun die anderen 2 Scheiben Brot darauf legen Mit einem Pfannenwender leicht auf das Käse-Sandwich drücken damit der Käse besser schmelzen kann und es besser zusammenhält.
- Sobald das untere Brot gebräunt ist, das Sandwich umdrehen und auch die andere Seite goldbraun knusprig braten (ca. 2-4 Minuten pro Seite).
- Warm servieren und genießen!

Tipps:
- Wenn man das Sandwich noch käsiger möchte, kann man es nach dem Braten noch ca. 15- 20 Sekunden in der Mikrowelle erhitzen.
- Wenn man gefrorenen Spinat verwendet, braucht man diesen nur auftauen, dann gut ausdrücken und anschließend mit gebratenem Knoblauch und veganem Frischkäse verrühren.

Börek aus Toastbrot

Zutaten:

250g	Hirtenkäse Light
6 Scheiben	Dinkel Toast (große)
	Petersilie, gehackt
2	Eigelb
2-3 EL	Milch
	Sesam & Schwarzkümmel

Ihr könnt das ganze auch mit Gouda, Hackfleisch usw. füllen.

Zubereitung:

- Hirtenkäse zerbröseln und mit der Petersilie vermischen.
- Die Toastscheiben flach wallen.
- Eine große Scheibe Toastbrot zur Hälfte mit ca. 1 EL der Mischung füllen.
- Die freie Hälfte darüber legen und an den Rändern mit einer Gabel fest drücken.
- Eigelb mit etwas Milch mischen und die Toast damit bestreichen.
- Sesam und Schwarzkümmel darüber streuen.
- Die Toast auf ein mit Backpapier belegtes Brot legen und bei 200 Grad ca. 15 Min. backen.

* * *

Gebackener Feta in Filoteig mit Honig und Sesamkörnern

3 EL	geschmolzene Butter oder Ghee
200 g	Packung Feta, in 2 Rechtecke geschnitten

2 große	Filoteigblätter
	Thymian
1 EL	Sesamkörnern
	Honig
	Salatblätter zum Servieren

Zubereitung:

- Den Ofen auf 180 °C vorheizen.
- Das Filoteigblatt ausbreiten und mit geschmolzener Butter bestreichen.
- Etwas frischen Thymian darüber verteilen und in der Mitte falten.
- Den Feta am Ende eines Rechtecks platzieren und den Filoteig um den Käse wickeln.
- Dabei mit Butter bestreichen, damit er gut haftet.
- Nicht zu fest wickeln, da sich der Käse beim Backen ausdehnt.
- Die Außenseite des Teigs mit geschmolzener Butter bestreichen und mit Sesamkörnern bestreuen.

- Etwa 20–25 Minuten backen.
- Aus dem Ofen nehmen, mit Honig beträufeln und weitere Thymianblätter darüber streuen.
- Mit Salatblättern servieren.

* * *

Informationen + Rezept für Filoteigplatten

Was ist der Unterschied zwischen Filoteig und Yufkateig?

Filoteig ist wesentlich dünner als Yufkateig.
Es heißt Filoteig sollte so dünn sein wie ein Blatt Papier, sodass man durch ihn hindurch mühelos die Seite eines Buches lesen kann.
Um diese papierdünnen Filoteigblätter zu erhalten, rollt man sie am besten nur in Speisestärke aus, damit sie nicht kleben oder einreißen.

Filoteig – Grundrezept

Zutaten für 4 Portionen:

500 g	Mehl, glatt
4 EL	Öl, oder Olivenöl
200 ml	Wasser
1 Prise	Salz

Zubereitung:
- Für das Filoteig Grundrezept Mehl mit Salz und Öl vermengen.
- Wasser zufügen und zu einem Teig kneten.

- Den Teig für mindestens 15 Minuten kneten, damit er schön weich wird - am besten mit einer Küchenmaschine mit Knethaken.
- Danach den Teig zu einer Kugel formen, mit Öl einpinseln und in einer zugedeckten Schüssel für ca. 30 Minuten ruhen lassen.
- Ein großes Küchentuch mit Mehl bestäuben, den Teig darauf legen und diesen so dünn wie möglich ausrollen – mit Hilfe eines Teigroller bzw. Nudelwalker.
- Den dünn ausgerollten Teig nach belieben Füllen (Spinat, Fetakäse etc.).
- Rechts und links den Teig einschlagen, mit Hilfe des Küchentuchs.
- Den Teig vorsichtig auf ein mit Backpapier ausgelegtes Blech geben und mit flüssiger Butter einstreichen.
- Im vorgeheizten Backofen ca. 20 Min backen, bei Ober- und Unterhitze backen.

Tipp:
- Der Teig kann auch in 6 Teile geteilt werden, jeden Teil hauchdünn ausrollen und übereinander legen.
- Ränder wegschneiden und dann erst füllen.
- So entstehen schöne einzelne Schichten.

* * *

Ei-Avocado-Toast

Zutaten:

2 Scheiben Sauerteigbrot

1 kleine Avocado

2 hartgekochte Eier
1 EL geriebener Parmesan
Frischen Zitronensaft auspressen
1 TL fein gehackter Schnittlauch
Salzflocken + Pfeffer nach Geschmack Chili
Zwiebel Crunch
Olivenöl zum Toasten des Brotes

Zubereitung:

- Reiben Sie einfach ein hartgekochtes Ei über zerdrückte Avocado und belegen Sie es dann mit frisch geriebenem Parmesan, Schnittlauch, Salz, Pfeffer und Chili-Zwiebel-Crunch.
- Diese Kombination muss man einfach probieren.

* * *

Chili – Zwiebel – Crunch

Zutaten:

3 Knoblauchzehen
20 g Ingwer
1,5 dl Sonnenblumenöl
4 EL Chiliflocken
1 EL Zucker
1 EL Garam Masala
3 EL Crunchy Mais
Salz

Zubereitung:

- Das Frittieröl soll beim Übergießen der Gewürze nicht mehr ganz heiss sein, damit diese nicht verbrennen.
- Anstelle von Crunchy Mais können auch Erdnüsse verwendet werden.
- Der scharfe Chili-Crunch mit Öl passt als Würze zu Wan Tans, Reis- und Nudelgerichten sowie generell zu asiatischen Speisen.
- Das Öl ist gut verschlossen im Kühlschrank ca. 2 Wochen haltbar.

* * *

Wrap mit Feta Käse

Zutaten:

1 Wrap
1 Scheibe Feta Käse, ca. 1,5 bis 2 cm dick
etwas Olivenöl
etwas Oregano
etwas Chiliflocken
etwas Honig

etwas weißen Sesam
1 Eigelb

Zubereitung:
- Den Feta Käse auspacken und von der Länge her ca. 2 cm abschneiden.
- 3 cm vom Rand des Wrap entfernt legen.
- Mit etwas Olivenöl, Oregano, Chiliflocken und Honig beträufeln.
- Nun den Wrap aufrollen, wobei erst das untere Teil genommen wird, dann die beiden Seitenteile .
- Nun das offene Teil des Wrap innen mit etwas Eigelb bestreichen und fertig aufrollen.
- Den ganzen Wrap mit dem restlichen Eigelb bestreichen.
- Weißen Sesam darüber streuen und bei 180 Grad ca. 15 Minuten backen.

* * *

Bilderquellen

Flieder
https://www.piqsels.com/de/public-domain-photo-fgapt/

Tajine
https://www.piqsels.com/de/public-domain-photo-ijcno/

Auberginen
https://www.piqsels.com/de/public-domain-photo-suuod

Salate
https://www.piqsels.com/de/public-domain-photo-zklwa

Lasagne
https://www.piqsels.com/de/public-domain-photo-zejsu

Paprika
https://www.piqsels.com/de/public-domain-photo-zkadp

Dicke Bohnen
https://www.pexels.com/de-de/foto/bohnen-trocken-schussel-aufsicht-4968572/

Eisdessert
https://www.piqsels.com/de/public-domain-photo-zfcbq

Heidelbeeren
https://www.piqsels.com/de/public-domain-photo-sipge

Lavendel
https://www.piqsels.com/de/public-domain-photo-suvio

Zwetschgen
https://www.piqsels.com/de/public-domain-photo-jjdks

Nudeln
https://www.piqsels.com/de/public-domain-photo-fsokj

Rote Beete
https://www.piqsels.com/de/public-domain-photo-spvrz

Toast
pexels-fotios-photos-1351238.

Filoteigplatten
https://www.piqsels.com/de/public-domain-photo-fctvu

Heidelbeermuffins
https://www.piqsels.com/de/public-domain-photo-zbilj/

Pak Choi
https://www.piqsels.com/de/public-domain-photo-jpzax

Feta Käse
https://www.piqsels.com/de/public-domain-photo-okfzk

Kartoffeln
https://www.pexels.com/de-de/foto/kartoffeln-144248/

Jaromakohl
https://www.marions-kochbuch.de/rezept/7365.htm

Krautsalat
https://www.piqsels.com/de/public-domain-photo-snnkw

Champignon
pexels-pixabay-36438

Käsespätzle
https://www.piqsels.com/de/public-domain-photo-fjuzo

Versch. Reisssorten
https://www.piqsels.com/de/search?q=langkornreis

Karottenkuchen mit Kokos
https://www.piqsels.com/de/public-domain-photo-snazc

Kartoffeln und Zwiebeln
https://www.piqsels.com/de/public-domain-photo-suxxv

Kichererbsen
https://www.piqsels.com/de/public-domain-photo-zqtct

Pflaumen
https://www.piqsels.com/de/public-domain-photo-zbmgz

Getrocknete Tomaten
https://www.piqsels.com/de/public-domain-photo-zasoy

Schwarze Bohnen
https://www.piqsels.com/de/public-domain-photo-zfkzu

Karotten – Kokos- Kuchen
pexels-ella-olsson-572949-3026809.jpg

Esskastanien
https://www.piqsels.com/de/public-domain-photo-jtcix

Chicoree
https://www.piqsels.com/de/public-domain-photo-zzzgg

Rosenkohl
https://www.piqsels.com/de/public-domain-photo-zyoez

Süßkartoffeln
pexels-jess-vide-5505462

Harissa
https://www.piqsels.com/de/public-domain-photo-jzehx

Paprika-Soße
https://www.piqsels.com/de/public-domain-photo-zaliq

Champignons
https://www.piqsels.com/de/public-domain-photo-smedt

Rote Beete
https://www.piqsels.com/de/public-domain-photo-zbuqu

Frühlingszwiebeln
https://www.piqsels.com/de/public-domain-photo-okjaw

Paprika – Tomaten
https://www.piqsels.com/de/public-domain-photo-jrbbp

Kokosmilch
https://www.piqsels.com/de/public-domain-photo-fhmtn

Kräuter
https://www.piqsels.com/de/public-domain-photo-sidmn

Herbstgemüse
https://www.piqsels.com/de/public-domain-photo-fvwoc

Waldpilze
https://www.piqsels.com/de/public-domain-photo-jvsyg

Safran
https://www.piqsels.com/de/public-domain-photo-jhueu

Pizza mit Pilzen
https://www.piqsels.com/de/public-domain-photo-fzzep

Semmelknödel
https://www.piqsels.com/de/public-domain-photo-zybxb

Hunger
https://www.piqsels.com/de/public-domain-photo-spvpc

Gefüllte Paprika
https://www.piqsels.com/de/public-domain-photo-zsukl

Affodill
https://www.piqsels.com/de/public-domain-photo-fcrab

Affodill
Wiki

Hülsenfrüchte
https://www.pexels.com/de-de/foto/bohnen-saat-musli-chili-pfeffer-6805783/

Quellennachweise

Auch in diesem Kochbuch habe ich viele Rezepte, die ich schon lange gesammelt hatte.
Teilweise stammen sie aus alten Zeitschriften und von FreundInnen.
Neuere Rezepte habe ich aus TikTok und von Instagram.
Leider wird dort nie die Quelle angegeben.
Sollte daher jemand sein Originalrezept lesen, bitte wenden Sie sich umgehend an mich:
traude-schubert@gmx.de

Cheese-Sandwiches
https://biancazapatka.com/de/veganes-grilled-cheese-sandwich/?utm_source=pocket_collection_story .

Filoteigplatten
https://www.gutekueche.at/filoteig-grundrezept-rezept-24093

Veganes Gulasch
https://www.lecker.de/veganes-gulasch-128311.html

Jaromakohl
https://www.marions-kochbuch.de/rezept/7365.htm

Krautsalat
https://www.chefkoch.de/rezepte/1603351267531013/Jaromakohl-Salat.html

Kartoffelrezepte
https://www.chefkoch.de/rezepte/.html

Kartoffelknödel
gerne-gut-kochen

Kartoffeltortilla mit Knoblauch-Champignons
https://www.lecker.de/kartoffeltortilla-mit-knobi-champignons-129211.html

Gedünsteter Chicoree mit Ahornsirup
https://kathys-kuechenkampf.de/geduensteter-chicoree-mit-ahornsirup/

Kastanien - Esskastanien
https://www.daskochrezept.de/rezepte/kastanienbrot-einfach-selber-backen-mit-dinkel

https://www.chefkoch.de/rs/s0/kastanienbrot/Rezepte.html

Einige Rezepte fand ich auf Tik-Tok und Instragram, ohne weitere Quellenangaben.

Champignonsuppe
www.koch-mit.de

Pilzgerichte:
https://www.azafran.de/blog/12-herzhafte-pilz-rezepte-fuer-den-herbst.html
Hier erhalten Sie auch die passenden Gewürze.

Semmelknödel mit Pfifferling – Rahmsauce
chefkoch

Reis mit herbstlichem Gemüse
https://www.tegut.com/rezept/reispfanne-mit-herbstgemuese.html

Risotte mit Kürbiscreme und Haselnüssen
https://www.gutekueche.de/risotto-mit-kuerbiscreme-und-haselnuessen-rezept-20578

Reiskuchen mit Gemüse
https://www.gutekueche.de/reiskuchen-mit-gemuese-rezept-21061

Gefüllte Paprika mit Reis
https://www.ichkoche.de/l/reis-herbst-rezepte?page=2

Gemüserisotto mit Burratina
von meinem Cousin Harald, Fan der ital. Küche..

Infos zu Burratina / Buratta
Wikipedia + mein Warenkundebuch

Winterliches Früchtebrot
https://www.rewe.de/rezepte/winterliches-fruechtebrot?icid=thema-der-woche_rewe-de:angebote_teaser_content_rewe-de:rezepte_kw49_nn_nn_nn

Weitere Bücher von mir

Sie erhalten diese in jeder guten Buchhandlung, bei Amazon oder direkt im Verlag:

https://buchshop.bod.de/catalogsearch/result/index/?q=traude20schubert&product_list_order=bod_release_date&product_list_dir=desc

„Segen der Natur“
Teil 1 – Wissenswertes
von Ahorn bis Zimt
Infos und Rezepte
für Ihr
Wohlbefinden
Traude Schubert

„Segen der Natur“
Teil 2
Informationen und Rezepte
Zur eigenen Herstellung von
Cremes,Ölen uns Salben
Traude Schubert

Traude Schubert
- Regrowing -
Recycling
in der
Küche

Traude Schubert
Wild- und
Heilkräuter
in der
Küche

Leckeres
schnell & einfach
zubereitet
Traude Schubert

Uroma wusste es noch
Längst vergessene Hausmittel
aus der Zeit um 1900.
Eine Übersetzung aus der Sütterlin-Druckschrift.
Ergänzt mit Anmerkungen und Hinweisen
Von heutigen Erkenntnissen und
Behandlungsmethoden.-
Geniale Tipps und Tricks für den Haushalt,
Garten und die Gesundheit.
Lassen Sie sich überraschen von altbekannten
oder längst vergessen Ratschlägen.
So manche Information ersetzt heutige teure
Mittel, auf unglaublich einfache Weise.
Sie werden begeistert sein und dieses Buch,
so wie damals meine Uroma und meine
Mutter, immer wieder zu Rate ziehen.
Traude Schubert
Uroma
wusste es noch
Traude Schubert

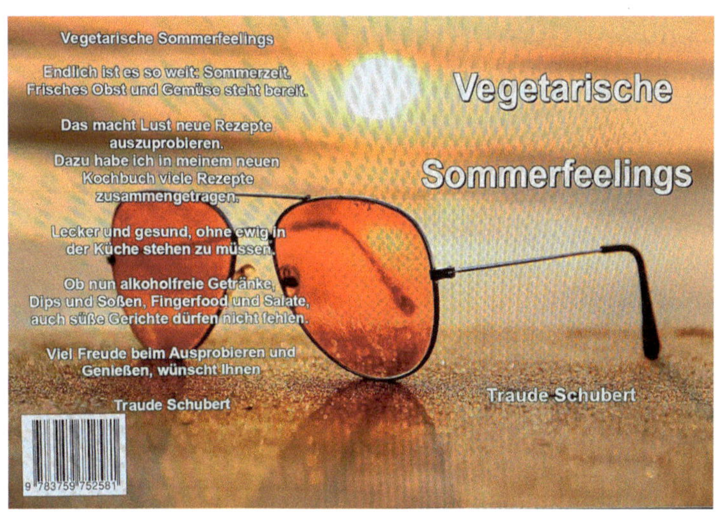
Vegetarische Sommerfeelings
Endlich ist es so weit: Sommerzeit.
Frisches Obst und Gemüse steht bereit.
Das macht Lust neue Rezepte
auszuprobieren.
Dazu habe ich in meinem neuen
Kochbuch viele Rezepte
zusammengetragen.
Lecker und gesund, ohne ewig in
der Küche stehen zu müssen.
Ob nun alkoholfreie Getränke,
Dips und Soßen, Fingerfood und Salate,
auch süße Gerichte dürfen nicht fehlen.
Viel Freude beim Ausprobieren und
Genießen, wünscht Ihnen
Traude Schubert
9 783759 752581
Vegetarische
Sommerfeelings
Traude Schubert

Unser aller Gesundheit
„ Gesundheit „ sagt man, wenn jemand niest.
Doch warum werden immer mehr Menschen krank?
Wichtige Institute und Labore, viele hochrangige
Ärzte und Privatpersonen bemühen sich tagtäglich,
dass die Wahrheit ans Licht kommt.
Seit kurzer Zeit berichten nun sogar
einige Mainstream Medien über
verschiedene Unstimmigkeiten.
In diesem Buch habe ich dazu einige sehr
interessante Berichte, Untersuchungsergebnisse
und Fotos zusammen gestellt.
9 783758 350887
Unser aller
Gesundheit
Traude Schubert